John Lyons

Grunderziehung für Fohlen

John Lyons

Jennifer J. Denison

Grunderziehung für Fohlen

Die 20 wichtigsten Übungen Schritt für Schritt

KOSMOS

Teil 1: Das Training des Absetzers

Teil 2: Das Training des Jährlings

Einführung

In meinen Seminaren und Symposien und in Briefen fragen mich jede Woche Hunderte von Menschen um Rat bei der Erziehung ihrer jungen Pferde. Es geht ihnen besonders darum, in der Erziehung ein starkes Fundament zu legen, damit das junge Pferd keine Untugenden – wie Scheuen oder Am-Kopf-nicht-Anfassen-Lassen – entwickelt, die die spätere Ausbildung unter dem Sattel erschweren können.
Ich übergebe Ihnen hier mein bewährtes Schritt-für-Schritt-Programm, wie Sie aus Ihrem Fohlen einen vertrauensvollen, handsamen Partner machen können. In diesem Praxisbuch mit seinen 20 Lektionen lernt der Youngster mit Hilfe einer Folge von Bodenübungen, sich Ihnen zuzuwenden, wenn Sie sich ihm nähern, in den Hänger zu steigen und später beim Satteln ruhig stehen zu bleiben. Mit allmählicher Überredung – statt mit Gewalt – bauen Sie ein starkes Fundament von Vertrauen und Selbstbewusstsein für eine dauerhafte Partnerschaft mit Ihrem jungen Pferd, ob seine Zukunft nun im Freizeitreiten oder im Turniersport liegt.

John Lyons

Danke

Besonders bedanken möchte ich mich bei:
den Redakteuren von Horse & Rider – Sue M. Copeland, Jennifer Forsberg Meyer, Marilee Bond Nudo und René E. Riley – für ihre redaktionelle Beratung;

Darrell Dodds vom Paint Horse Journal für seine Engelsgeduld bei den Fotoaufnahmen und dafür, dass er Johns Arbeit so früh im Film festgehalten hat;

Monica Smith aus Rifle, Colorado, die uns ihren Paint Horse-Absetzer True Queen Bee als Fotomodell für Teil 1, die Erziehung des Absetzers, in diesem Buch zur Verfügung gestellt hat;

Kenneth und Jennifer Banks von der Banks Quarter Horse Ranch in Schulenburg, Texas, die uns ihren Quarter Horse-Jährling Star Potential als Fotomodell für Teil 2, die Erziehung des Jährlings, zur Verfügung gestellt haben. Außerdem durften wir ihre wunderschöne Anlage für unsere Aufnahmen benützen.

Die Autoren

John Lyons, bekannt als „Amerikas vertrauenswürdigster Trainer", ist für seine sanften Trainingsmethoden berühmt. In den über 20 Jahren, in denen er Seminare, Symposien und Demonstrationen veranstaltet und eine umfangreiche Sammlung von Büchern und Videos herausgebracht hat, hat er Tausenden von Pferdebesitzern weltweit geholfen, ihre Pferde besser zu verstehen und zu einer vertrauensvollen Partnerschaft mit ihnen zu gelangen. Kennzeichnend für John Lyons' Trainingsstil sind seine aufeinander aufbauenden Schritt-für-Schritt-Lektionen, mit denen ein Pferd einfach alles lernt, was es soll. Laut John ist der Erfolg garantiert, wenn man einem Pferd eine gewünschte Fähigkeit in viele einfache Schritte zerlegt, weil man so allmählich sein Selbstvertrauen aufbaut, wie auch sein Verständnis dafür, was von ihm erwartet wird.
1995 wurden Johns Methoden auf die Probe gestellt. Sein geliebter Appaloosa-Hengst Bright Zip erblindete infolge einer allergischen Reaktion auf eine Impfung. Mit Geduld und Ausdauer entwickelten die beiden jedoch eine noch stärkere Bindung als zuvor und passten sich allmählich an Zips Blindheit an. Heute ist Zip ein Star bei Pferdeschauen im ganzen Land. John lebt auf seiner Cowboy Up Ranch in Parachute, Colorado. Er hat vier erwachsene Kinder – die Töchter Tammy Jo Lewis, Sandy Nickal und Brandi DeVoto und einen Sohn namens Josh – und sieben Enkelkinder. Josh tritt in die Stiefelstapfen seines Vaters: Er veranstaltet Seminare und leitet die 12-wöchigen Ausbildungsprogramme. Weitere Informationen zu John Lyons erhalten Sie entweder schriftlich über P.O. Box 479, Parachute, Co 81635, Telefon 001-970-285-9797 oder über das Internet unter www.john-lyons.com.

Jennifer J. Denison begann ihre Karriere als Pferdesportjournalistin bei Horse & Rider vor mehr als sechs Jahren, noch während ihrer College-Zeit. Inzwischen hat sie einen leitenden Posten in der Redaktion inne. Wenn sie nicht gerade für ihre Zeitschrift über Pferde schreibt, nimmt sie gern an Wanderritten und Westernprüfungen teil, besonders an Barrel Racing und Pole Bending. Sie lebt mit ihrem Ehemann Robert und ihren Pferden in der Nähe von Woodland Park, Colorado.

Teil 1
Das Training des Absetzers

Lektion 1: Für Ihre Sicherheit und den Spaß am Training

Denken Sie immer an diese Punkte, damit Sie und Ihr junges Pferd alle Übungen gefahrlos und stressfrei bewältigen

Üben Sie anfangs immer im selben Round Pen von 15-20 m Durchmesser (oder einer ähnlichen Einfriedung)
Ein runder Trainingsbereich erlaubt Ihnen, das Fohlen gefahrlos vorwärts zu treiben, ohne die Kontrolle zu verlieren. Die vertraute Umgebung trägt außerdem dazu bei, dass das Pferd entspannt bleibt und Ihre Signale aufmerksam aufnimmt. Wenn es eine bestimmte Lektion gemeistert hat, können Sie dieser Fähigkeit in einer neuen Umgebung den letzten Schliff verleihen. Vermeiden Sie quadratische oder rechtwinklige Einfriedungen wie Paddocks. Die Ecken könnten das junge Pferd verwirren und sich als Fallen erweisen, die die Gefahr erhöhen, dass es in Panik durch den Zaun bricht. Steht Ihnen nichts anderes zur Verfügung, runden Sie die Ecken wenigstens mit Stangen oder Stellwänden ab.

Halten Sie die Lektionen einfach
Je mehr Sie eine Lektion in ihre Bestandteile zerlegen, desto schneller und leichter wird Ihr Youngster die Fähigkeit, die Sie ihm beibringen wollen, lernen – und behalten. Er hat einfache Ecksteine, auf denen er aufbauen kann, bis er das Endziel erreicht hat. Wenn Sie eine Technik entdecken, Ihrem Absetzer ein bestimmtes Konzept besser beizubringen, als es hier erklärt wird – verwenden Sie sie.

Seien Sie vorsichtig
Wenn Ihr Absetzer „geladen" ist, besteht die Gefahr, dass er bockt oder nach vorne

oder hinten ausschlägt, solange er noch nicht genügend gearbeitet hat. Er kann sich dann auch nicht auf die Lektion konzentrieren. Das gilt besonders, wenn er in einer Box oder einem kleinen Paddock untergebracht ist und sich Energie aufstaut. Ist er „geladen" (erkennbar daran, dass er höchst empfänglich ist für alle Umweltreize und Kopf, Hals und Schweif steif und höher als normal getragen werden), arbeiten Sie ihn ruhig im Round Pen, bis er sich entspannt, und halten Sie sich dem Bereich schlagender Hufe fern (siehe unten). Dass er bereit ist, sich auf die Lektion zu konzentrieren, erkennen Sie daran, dass Kopf und Schweif wieder normal und entspannt getragen werden.

Halten Sie sich aus dem Bereich schlagender Hufe heraus

Anfangs kann es nicht schaden, sich mindestens 4 m hinter dem Youngster aufzustellen, um nicht geschlagen zu werden. Sobald er sich an Sie gewöhnt hat und Sie an seine Hinterbeine heranlässt, können Sie allmählich näher kommen. Stellen Sie sich aber nie genau hinter ihn, wo Sie ein leichtes Ziel bieten, sondern auf Schulter- oder Hüfthöhe.

Wiederholen Sie frühere Lektionen

Vergewissern Sie sich, dass Ihr Schüler die früheren Lektionen zuverlässig beherrscht, bevor Sie eine neue einführen. Sie können nicht von ihm erwarten, dass er eine fortgeschrittene Übung lernt, bevor er nicht die Grundlagen voll und ganz verstanden hat.

Binden Sie das junge Pferd anfangs nicht an

Solange es diese fortgeschrittene Form der Einschränkung seiner Freiheit nicht gelernt hat (siehe „Lektion 12: Anbindetraining", Seite 72), könnte es sich ernstlich verletzen, wenn es angebunden ist und sich gegen den Strick stemmt. Daraus könnte sich außerdem eine gefährliche Gewohnheit entwickeln, die Sie besser vermeiden.

Achten Sie auf den Komfortpegel Ihres Fohlens

Um der Gefahr von Verletzungen für Sie beide vorzubeugen, achten Sie darauf, dass das junge Pferd entspannt ist und sich in seiner Umgebung und in Ihrer Gegenwart wohl fühlt. Dass es die Situation akzeptiert, erkennen Sie daran, dass es Kopf und Hals normal trägt, sein Körper entspannt ist und es seine Umgebung erkundet oder grast. Zeichen für Nervosität sind: angelegte Ohren, hoch erhobener Kopf und Hals, angespannte Körperhaltung und ein angehobenes Hinterbein. Wenn Sie eines dieser Zeichen erkennen oder das Gefühl haben, das Pferd oder Sie selbst könnten sich verletzen, hören Sie sofort auf mit dem, was Sie gerade tun. Gehen Sie zu einem Punkt in der Lektion (oder zu einer früheren Lektion) zurück, der für Sie beide nicht unangenehm ist, und fangen Sie langsam wieder von vorn an.

Verwenden Sie immer die gleichen, präzisen Signale

Je klarer Sie sich in der Kommunikation mit Ihrem Fohlen ausdrücken, desto weniger wird es zu Missverständnissen kommen und desto schneller lernt es. Wenn es nicht gleich beim ersten Mal die richtige Reaktion zeigt, ist das nicht schlimm. Wiederholen Sie die Signale, bis es die richtige Antwort gibt.

Übertreiben Sie es nicht

Junge Pferde lernen verschieden schnell. damit Ihr Schüler nicht geistig und körperlich überfordert wird, ist es am besten, wenn Sie nicht mehr als zwei- oder dreimal pro Woche und nicht länger als höchstens 30 Minuten üben. Auch die Knochen sind noch im Wachstum und können Schaden nehmen, wenn Sie zu viel verlangen. Schicken Sie das junge Pferd nicht mehr

als viermal ohne Unterbrechung um den Round Pen, sondern geben Sie ihm immer wieder Gelegenheit, sich auszuruhen. Das ist besonders wichtig, wenn Sie auf tiefem oder hartem Boden arbeiten, auf dem die Beine schnell ermüden.

Haben Sie Geduld

Warten Sie mit dem nächsten Schritt (oder der nächsten Lektion), bis das junge Pferd den vorhergehenden gemeistert hat. Es dauert vielleicht ein paar Minuten oder ein paar Übungseinheiten, bis es verlässlich auf Ihre Signale reagiert. Wenn Sie nun die Geduld verlieren, werden Sie es später bereuen, weil Sie dann auf Widerstand treffen. Wiederholen Sie alle Übungen so lange bis Ihr Fohlen sie sicher beherrscht.

Bewegen Sie sich langsam

Schnelle, überraschende Bewegungen könnten das junge Pferd erschrecken und dazu führen, dass es sich verspannt,

wegläuft, nach Ihnen schlägt oder sich in Ihrer Gegenwart fürchtet – alles das Gegenteil dessen, was Sie erreichen wollen.

Jagen Sie das junge Pferd nicht

Es könnte sonst anfangen, sich vor Ihnen zu fürchten. Wenn es als Antwort auf einen bestimmten Schritt umdreht und davonläuft, halten Sie es an, lassen Sie es umdrehen und zu Ihnen schauen (siehe „Lektion 2: Zuwenden und anschauen" auf Seite 15). Wenn es sich entspannt, fangen Sie langsam wieder an.

Keine Gewalt

Vermeiden Sie es, bei Übungen mit einem Führstrick, einem Lasso oder einer Longe daran zu reißen oder zu ziehen. Krafteinsatz als Strafmaßnahme bewirkt nur, dass sich das Pferd gegen den Druck stemmt und sich in Ihrer Gegenwart fürchtet.

Nicht an Belohnungen sparen

Sobald Ihr Fohlen korrekt auf eines Ihrer Signale reagiert – oder seine Reaktion verbessert –, belohnen Sie es sofort mit Streicheleinheiten, Lob und einem Augenblick der Erholung.
Selbstvertrauen, Fähigkeiten und Motivation werden durch diese Technik der „konditionierten Reaktion" aufgebaut.

Immer positiv beenden

Suchen Sie eine Stelle, bei der Ihr Youngster sich wohl fühlt, bevor Sie eine Lektion beenden. Selbst wenn dies bedeutet, dass Sie auf eine frühere Übung zurückgreifen müssen. Machen Sie es Ihrem Fohlen so leicht wie möglich. Beenden Sie die Arbeit mit Ihrem jungen Lehrling stets mit einem Erfolgserlebnis. Damit bauen Sie sein Selbstvertrauen auf und erhalten ihm seine Lernwilligkeit.

Lektion 2: Zuwenden und anschauen

Diese Round Pen-Übung verschafft Ihnen die Aufmerksamkeit und den Respekt Ihres Absatzfohlens

In dieser Übung lernen Sie, wie Sie sich Ihrem Fohlen gefahrlos nähern können: indem Sie ihm nämlich beibringen, sich auf Ihr Zeichen hin Ihnen zuzuwenden, Sie anzuschauen und dann ruhig stehen zu bleiben.

Das bringt Ihnen dreifachen Nutzen: Erstens vermeiden Sie, dass das Fohlen Sie wegdrückt oder umrennt, wenn Sie es führen wollen. Es hat gelernt, Ihren Freiraum zu respektieren.

Zweitens vermindern Sie das Risiko, geschlagen zu werden, wenn Sie zu ihm in die Box, den Paddock oder auf die Koppel gehen, und drittens sind Sie einen Schritt weiter für künftige Übungen, bei denen es ruhig stehen bleiben soll, während Sie darum herum arbeiten. Dazu benützen Sie meine Round Pen-Methode, die Ihnen die physische und psychische Kontrolle über Ihren Absetzer verschafft.

Als Erstes lernen Sie, mittels Körpersprache die Bewegungen des Fohlens im Round Pen zu lenken. Das Fohlen lernt so, Ihren Freiraum (den Raum um Sie herum) zu respektieren und nicht zu betreten.

Dann bringen Sie ihm bei, sich auf ein „Küsschen" hin Ihnen zuzuwenden und Sie mit beiden Augen anzuschauen. (Mit dem im Westerntraining häufig gebrauchten „Küsschen", dem *kissing noise*, ist der Laut gemeint, der entsteht, wenn man mit gespitzten Lippen in die Luft küsst)

Sie brauchen:

* eine Dressurgerte oder ein Lasso

1 Treiben Sie das Fohlen in den Round Pen oder lassen Sie einen Koppelkameraden vorausgehen, dem es folgen kann. Bringen Sie das Führpferd wieder hinaus, sobald das Fohlen im Round Pen ist, und schließen Sie das Tor. Die Übung beginnt damit, dass Sie sich dem Fohlen langsam nähern. Wenn es nicht viel Umgang mit Menschen hatte, wird es sich wahrscheinlich ähnlich verhalten wie das Stutfohlen im Bild: durch Ihre Annäherung wird sein „Flucht-oder-Kampf-Instinkt"

ausgelöst – es verspannt sich (achten Sie auf den erhobenen Kopf und die steife Körperhaltung des Stütchens) und wendet Ihnen die Hinterhand zu (ein Zeichen, dass es bereit, fähig und willens ist auszuschlagen), während es nach einem Fluchtweg sucht. Wenn es so reagiert, gehen Sie langsamer oder warten Sie, bis es sich wieder entspannt. Sie riskieren sonst, dass es schlägt oder den Zaun durchbricht. Wenn es dagegen den Umgang mit Menschen gewohnt ist und/oder entspannt bleibt, wenn Sie darauf zugehen, ...

2 ... treiben Sie es in der gewünschten Richtung um den Round Pen. Ich erkläre, wie Sie das Fohlen auf der linken Hand im Kreis bewegen. Für den Kreis auf der rechten Hand brauchen Sie die Instruktionen nur umzukehren. Gehen Sie in Richtung der linken (inneren) Hüfte des Fohlens, aber nicht bis innerhalb seines Schlagbereichs. Setzt es sich nicht unmittelbar in Bewegung, heben Sie die Dressurgerte oder das Lasso in Richtung Hüfte. Das Fohlen sollte sich im Schritt oder Trab nach links bewegen. Wenn es angaloppiert, gehen Sie quer durch den Round Pen vor seine Nase, um die Bewegung abzublocken. Der Galopp bedeutet für die Beine erhebliche Erschütterungen, die zu Lahmheiten führen können. Außerdem ermüdet es im Galopp schneller als in den langsameren Gangarten.

Während das Fohlen im Kreis läuft, gehen Sie auf einem kleineren Zirkel innen mit und treiben es vorwärts. Ihr Körper bleibt hinter seiner Hüfte. Macht es Anstalten, eigenmächtig die Richtung zu ändern, gehen Sie energisch nach vorn, vor seine Nase, um die Bewegung zu stoppen, und

dann wieder in Richtung Hüfte, um es auf den ursprünglichen Zirkel zurückzuführen. Das Fohlen soll die Richtung beibehalten, ohne den Versuch, umzuwenden und in die andere Richtung zu laufen. Bewegt es sich beständig in diese Richtung, ...

3 ... lassen Sie es die Richtung wechseln, in diesem Fall also nach rechts. Gehen Sie zügig zu einem Punkt etwa sechs bis sieben Meter vor der Pferdenase und bilden Sie so eine Barriere, damit es umdreht.

Achten Sie darauf, Ihren Absetzer nicht zu schnell oder zu dicht an die Umzäunung zu treiben, damit er nicht nervös wird und durch den Zaun rennt. Wenn es so aussieht, als wollte er in den Zaun laufen oder Sie umrennen, gehen Sie zurück zum Mittelpunkt des Round Pen und lassen ihn vorbei. Sobald er vorbei ist, gehen Sie schnell zum selben Punkt an der Umzäunung, wo Sie ihn zuerst zum Umdrehen aufgefordert haben, und bleiben dort ruhig stehen. Wahrscheinlich dreht er schon auf der gegenüberliegenden Seite um, weil er die physische Barriere, die Sie geschaffen haben, scheut.

4 Wenn das Fohlen sich nach rechts wendet, machen Sie einen Schritt auf seine rechte (innere) Hüfte zu, um es in die neue Richtung zu schicken. Setzt es sich in Bewegung, treten Sie zurück, um den Druck zu verringern, und belohnen es mit lobenden Worten. Wiederholen Sie diese Übung – Umdrehen und Vorwärtsschicken – in beide Richtungen so lange, bis es auf Ihre Körpersprache hin sofort die Richtung wechselt. Es muss sich sofort in Bewegung setzen, wenn Sie auf seine Hüfte zugehen, und die gewünschte Richtung beibehalten, ohne eigenmächtig umzudrehen. Möglicherweise brauchen Sie mehrere Übungseinheiten, bis dieses Ziel erreicht ist.

5 Als Nächstes nutzen Sie diese Wendepunkte, um das Fohlen dazu zu bringen, dass es auf Ihr Zeichen hin anhält und sich Ihnen zuwendet. Lassen Sie es in immer kürzeren Abständen – schließlich schon nach drei bis vier Metern – wenden. Das geht so: Ihr Youngster wird naturgemäß langsamer, wenn er die Richtung wechselt. Wenn die Entfernungen immer kürzer, die Wendungen also immer häufiger werden, wird er die Wendungen allmählich immer langsamer ausführen, bis er schließlich zwischen den Wendungen stehen bleibt. Sie können Ihr Stoppsignal auch durch ein verbales „Whoa" verstärken.

Schicken Sie das Fohlen zuerst in die von Ihnen gewünschte Richtung. Nach drei Metern fordern Sie es auf, die Richtung zu wechseln. Wiederholen Sie dieses Wendemanöver in beide Richtungen, bis es – wie das Stutfohlen im Bild – während der Wendung stehen bleibt. Wenn es anhält, gehen Sie in die Mitte des Zirkels zurück, um den Druck zu verringern, wie ich es hier demonstriere, und loben es ausgiebig. Lassen Sie es einen Augenblick stehen und sich erholen, damit es weiß, dass es korrekt reagiert hat, und sich mit Ihnen innerhalb des Round Pens sicher fühlt.

6 Jetzt ist es so weit, dass Sie das Fohlen dazu bringen können anzuhalten, sich Ihnen zuzuwenden und Ihnen mit den Augen zu folgen. Hat es mit dem Kopf zum Zaun angehalten, korrigieren Sie seine Position, bis es parallel zum Zaun steht. Damit es nach links schaut, fordern Sie es durch einen Schritt in Richtung linke (innere) Hüfte auf, sich nach links in Bewegung zu setzen (und umgekehrt). Dann gehen Sie sofort in Richtung Pferdenase, als ob Sie die Richtung wechseln wollten. Diesmal beenden Sie Ihre Bewegung aber nicht, sodass es nicht umdreht, sondern parallel zur Umzäunung, mit Blick nach links, stehen bleibt. Wenn es sich von Ihnen wegdreht, wiederholen Sie dieses Schritt-und-

Stopp-Manöver, bis es parallel zum Zaun ruhig stehen bleibt und nach links schaut. Dann belohnen Sie es. Das Fohlen im Bild schaut mich bereits an. Das ist die beabsichtigte Reaktion.

Gehen Sie nun fünf Meter vor das Fohlen und bleiben Sie am Zaun stehen. An dieser Stelle kann es Sie gut im Auge behalten. Bleiben Sie ein paar Minuten stehen, bis es sich an Ihre Nähe gewöhnt hat. Geht es rückwärts oder wendet sich ab, gehen Sie schnell vor seine Nase, damit es sich wieder zurückwendet und parallel zum Zaun steht, mit dem Blick nach links.

Steht das Fohlen richtig, schicken Sie ihm ein Küsschen oder klopfen mit der Gerte oder dem Lasso gegen ihr Bein, um seine Aufmerksamkeit zu erregen.

7 Wendet sich das Fohlen nicht innerhalb von zwei Sekunden Ihnen zu und sieht Sie an, gehen Sie zur Mitte zurück, treiben es drei oder vier Schritte vorwärts und wiederholen Schritt 5 und 6. Mit der nötigen Übung lernt es, Sie anzusehen, sobald es den Kusslaut hört.

Das Stutfohlen im Bild hat sich mir nicht nur zugewendet, sondern kommt auf mich zu. Wenn Ihr Fohlen so reagiert, loben Sie es ausgiebig. Wenn nicht, macht es auch nichts. Sie werden dieses fortgeschrittene Manöver in einer späteren Lektion erarbeiten. (Siehe „Lektion 10: Auf Kommando herkommen", Seite 60.)

8 Jetzt soll der Absetzer Sie im Auge behalten, auch wenn Sie sich von ihm wegbewegen. Dazu gehen Sie zuerst auf ihn zu und halten kurz vor dem Punkt an, von dem an er vermutlich ausweichen würde. Gehen Sie dann einen oder zwei Schritte zurück in Richtung Kreismitte. Schaut er weg, schicken Sie ihm ein Küsschen oder klopfen mit der Gerte oder dem Seil, um ihn aufmerksam zu machen. Dreht er ab, wiederholen Sie Schritt 5-8, bis er ruhig stehen bleibt und Sie ansieht.

Machen Sie weiter mit dieser Gehen-Anhalten-Weggehen-Sequenz und gehen Sie allmählich näher heran, dann weiter von ihm weg, sodass Ihr Fohlen Sie länger anschauen muss.

Mit einiger Übung wird es sich Ihnen zuwenden, Sie ansehen und Ihnen mit den Augen überallhin folgen.

Dies ist der Beginn einer Partnerschaft voller Vertrauen und Respekt, auf der Sie in den übrigen Lektionen aufbauen können.

Lektion 3: Aussacken

Mit dieser einfachen Technik können Sie den natürlichen „Flucht- oder-Kampf-Reflex" Ihres Fohlens unter Kontrolle halten

In dieser Lektion lernen Sie, wie man ein junges Pferd aussackt. Es wird mit verschiedenen Objekten am Körper abgerieben, damit es sich an das Gefühl, den Anblick und das Geräusch Schrecken erregender Reize gewöhnt. Die Übung stärkt das Selbstvertrauen und führt dazu, dass das Fohlen seine natürlichen Flucht-oder-Kampf-Instinkte besser unter Kontrolle hat. Das Aussacken ist auch eine Vertrauen bildende Maßnahme und kann ärgerlichen – und potenziell gefährlichen – Problemen wie sich am Kopf nicht berühren lassen, Schlagen und Scheuen vorbeugen.

Für den Anfang reiben Sie das Fohlen mit dem am wenigsten Furcht erregenden Gegenstand in Ihrer Sammlung ab: mit Ihrer Hand. Ist es damit einverstanden, gehen Sie zu gefährlicher aussehenden Gegenständen über.

* Arbeiten Sie in der Mitte des Round Pen. So können Sie nicht zwischen Fohlen und Umzäunung eingeklemmt werden.
* Sacken Sie das Fohlen auf beiden Seiten gleichmäßig aus. So wird es weniger scheuen, wenn Sie um es herumgehen oder sich ihm von rechts nähern.
* Binden Sie das junge Pferd nicht an. Noch hat es diese fortgeschrittene Übung nicht gelernt.

Sie brauchen:

* Verschiedene Objekte aus dem Stallbereich, von unterschiedlicher Größe, Textur und Bedrohlichkeit. ZB. einen Lappen, einen Putzhandschuh, eine Bürste, eine Gamasche, ein Lasso, ein Halfter, eine Indianerdecke, ein Sattel-Pad, einen Müllbeutel, einen Regenmantel und eine Abdeckung für den Sattel.

1 Treiben Sie das Fohlen in den Round Pen oder lassen Sie es hinter einem Stallgenossen hineingehen, bringen Sie das andere Pferd wieder hinaus und schließen Sie das Tor. Wenn das Fohlen sich beruhigt hat, schicken Sie ihm als Signal ein Küsschen, wie Sie es ihm in der vorigen Lektion beigebracht haben, damit es sich Ihnen zuwendet. Dann können Sie ans Aussacken gehen – mit der Hand, was am wenigsten aggressiv und bedrohlich wirkt.

Zuerst muss der Youngster Sie anschauen, wie er es in der vorigen Lektion gelernt hat. Tut er dies, strecken Sie langsam die Hand aus und berühren ihn an der Stirn. (Vielleicht brauchen Sie dazu mehrere Übungseinheiten.) Dann reiben Sie langsam über die Stirn. Bleibt er locker wie das Stutfohlen hier im Bild (siehe die natürliche Haltung von Kopf und Hals und die gespitzten Ohren), reiben Sie langsam weiter und arbeiten sich hoch zum linken Ohr, die linke Halsseite hinunter und zurück zur Stirn. Verspannt er sich, treten Sie sofort zurück, um den Druck zu verringern, bevor er wegläuft. Läuft er doch weg, besteht Ihre natürliche Reaktion vermutlich darin, dass Sie ihn zu packen und festzuhalten versuchen. Die schnelle Bewegung könnte ihn jedoch erschrecken, sodass er vielleicht in den Zaun rennt oder ausschlägt. „Küssen" Sie stattdessen in die Luft als Zeichen, dass er sich Ihnen wieder zuwenden soll. Dann fangen Sie langsam wieder von vorn an.

1

2 Wenn sich das Fohlen schließlich an beiden Schultern abreiben lässt, arbeiten Sie sich das linke Vorderbein hinunter. Die sicherste Position hierzu ist für Sie gegenüber dem Pferdemaul, mit Blick auf die Hinterhand.

Beugen Sie sich vor und reiben Sie das Bein hinunter, halten Sie aber den Kopf aus dem Schlagbereich des Hinterbeins.

BleibenSie ruhig und konzentriert in Ihren Bewegungen, vermeiden Sie hektisches und schnelles Vorgehen. Zu vorsichtig und zögerlich sollten Sie Ihr Fohlen aber auch nicht abreiben, das könnte es ebenso verunsichern.

Reiben Sie abwechselnd Stirn, Ohren, Hals, Schultern und Vorderbein, bis es dabei ganz entspannt bleibt. Reiben Sie allmählich das ganze Vorderbein hinab bis zum Huf und wiederholen Sie die Prozedur auf der anderen Seite.

3 Lässt sich das Fohlen die gesamte Vorhand auf beiden Seiten abreiben, ohne sich zu verspannen oder wegzulaufen, arbeiten Sie sich langsam auf die Hinterhand zu, wie in Schritt 1 und 2 erklärt. Reiben Sie ihm langsam über den Rücken, die Hüften und die Hinterbeine hinunter. Stellen Sie sich dicht am Pferdekörper vor das jeweilige Hinterbein (damit Sie nicht geschlagen werden), bis es nichts mehr dabei findet, sich an den Hinterbeinen berühren zu lassen.

Verhält sich Ihr Fohlen wie das Stütchen im Bild (hoch erhobener Kopf, angelegte Ohren zum Zeichen ihrer Nervosität), verlangsamen Sie Ihre Bewegungen noch mehr. Fühlt es sich wohl, wiederholen Sie das Aussacken mit Handschuhen an den Händen und gehen allmählich über zu Lappen, Handtuch, weicher Bürste und Streifkappe.

2

3

4 Als Nächstes wird das Fohlen ebenso stufenweise von vorn nach hinten mit dem Lasso ausgesackt. Tipp: Üben Sie anfangs mit dem zusammengerollten Seil, das weniger bedrohlich erscheint. Akzeptiert das Fohlen diese Berührung, entrollen Sie das Seil und üben damit weiter.

Das Stutfohlen hat Kopf und Hals hochgereckt, aber nur, weil es mir ganz entspannt den Kopf auf die Schulter legt.

Bevor Sie weitergehen zu Schritt 5, konfrontieren Sie Ihr Fohlen noch mit einigen anderen Gegenständen, bis es sie bereitwillig akzeptiert. Beginnen Sie mit dem am wenigsten bedrohlichen. Mein Vorschlag: eine Indianerdecke, ein Regenmantel und eine Sattel-Abdeckung.

5 Jetzt sind Sie so weit, dass Sie eines der größten, schwersten und deshalb bedrohlichsten Objekte Ihrer Sammlung einführen können: das Sattel-Pad. Das Ziel ist, ihm das Pad schließlich auf den Rücken zu legen, als Vorbereitung auf das zukünftige Satteltraining. Für den Anfang lassen Sie das Fohlen am Pad riechen und es anschauen. Wie Sie sehen, ist dem Stutfohlen das Pad nicht geheuer (zu erkennen an dem erhobenen Kopf, dem steifen Hals und den aufgerissenen Augen). Reagiert Ihr Absetzer ähnlich, lassen Sie ihn das Pad weiter untersuchen, bis er keine Angst mehr davor hat. Wenn er den Kopf senkt und sich entspannt, können Sie den nächsten Schritt in Angriff nehmen.

4

5

6 Reiben Sie das Fohlen am Kopf, an den Ohren, am Hals, an den Schultern und den Vorderbeinen mit dem Pad wie mit den anderen Objekten ab.

Das Stutfohlen hier im Bild fühlt sich mit dem Sattelpad über dem Hals noch nicht ganz wohl, gewöhnt sich aber im Laufe der Übung immer mehr an den ungewohnten Gegenstand.

7 Hat sich das Fohlen an die Berührung mit dem Pad gewöhnt (erkennbar daran, dass es entspannt bleibt, wenn es damit abgerieben wird), schieben Sie es ihm über den Hals und auf den Rücken. Wird es nervös, reiben Sie es wieder wie vorher mit dem Pad ab, zielen aber darauf ab, es ihm über den Rücken zu legen. Bleibt es locker, legen Sie es ihm über den Rücken und klopfen mit der Hand darauf, als ob ein Sattel aufgelegt würde. Dieses Auflegen und Beklopfen wird so lange wiederholt, bis Sie ihm das Pad ganz einfach überlegen können, ohne dass es sich aufregt oder wegläuft. Das Stutfohlen im Bild ist ganz entspannt; es ignoriert das Pad und grast. Diese Akzeptanz ist Ihr Ziel.

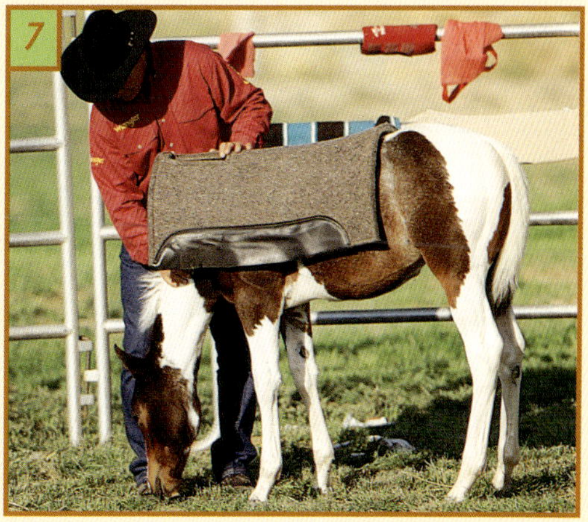

8 Als Vorbereitung auf die nächsten beiden Lektionen zum Thema Aufhalftern und Führen beenden Sie diese Aussack-Übung mit einem Halfter und einem Führstrick. Stellen Sie sie dem Fohlen einzeln vor, unter Verwendung der sanften Technik, die Sie in dieser Lektion gelernt haben.

Lektion 4: Gewöhnung an das Halfter

Nun lernt Ihr Fohlen, erste Beschränkungen seiner Freiheit hinzunehmen

Es ist Zeit, Ihrem Fohlen ein erstes Halfter anzulegen. Mit Hilfe meiner sanften Methode der Halftergewöhnung können Sie es jederzeit gefahrlos einfangen und zum Putzen oder für sonstige Arbeiten festhalten, ohne dass es sich beim Anblick eines Halfters und eines Führstricks aufregt. Fangen Sie dort an, wo Sie bei der vorigen Lektion aufgehört haben: Sacken Sie das Fohlen mit dem Halfter und dem Strick aus. Allmählich streifen Sie ihm das Halfter über die Nase und schließen die Schnalle. Zum Abschluss nehmen Sie ihm das Halfter wieder ab.

Sie brauchen:

* ein gut sitzendes Fohlenhalfter

Es ist oft nicht leicht, für ein im Wachstum begriffenes Fohlen ein passendes Halfter zu finden.
Vielleicht müssen Sie wie ich noch zusätzlich einige Löcher in das Halfter stanzen, damit es richtig anliegt.
Benutzen Sie aber bitte ein Halfter aus Leder oder Nylon, weil diese den Druck auf eine größere Fläche verteilen. Strick- und vor allem Knotenhalfter drücken auf schmale Bereiche und verursachen Schmerzen.

1 Treiben Sie das Fohlen in den Round Pen oder lassen Sie ein anderes Pferd vorausgehen, das Sie dann wieder hinausführen. Schließen Sie das Tor, und wenn das Fohlen zur Ruhe gekommen ist, fordern Sie es auf, sich Ihnen zuzuwenden. Reiben Sie es mit der im vorigen Kapitel erklärten Aussack-Methode mit dem Halfter und dem Strick ab. Für den Anfang soll es sich nur daran gewöhnen, die beiden Gegenstände nahe am Kopf zu haben. Danach ist es einfach, ihm das Halfter überzustreifen, weil es keine Angst mehr davor hat.

Hat es Halfter und Strick akzeptiert, gewöhnen Sie es an das Gefühl, beides auf dem Kopf zu haben. Drapieren Sie Halfter und Strick, wie im Bild zu sehen, über ein Ohr. Macht es ihm nichts mehr aus, dass sie ihm vom Ohr baumeln, wiederholen Sie die Prozedur auf der anderen Seite und drapieren Halfter und Strick schließlich über beide Ohren.

Das Stutfohlen hier ist ganz unaufgeregt, wie an dem zwanglos ausgestreckten Hals und Kopf und dem entspannten Ausdruck zu sehen ist.

Bleibt auch Ihr Fohlen ruhig, reiben Sie ihm zur Belohnung die Stirn und erzählen Sie ihm, was für ein feiner Kerl es ist.

Verspannt es sich und reckt Kopf und Hals nach oben, nehmen Sie ihm das Halfter langsam wieder ab und versuchen es von neuem. Bewegt es sich von Ihnen fort, versuchen Sie nicht, es festzuhalten, und laufen Sie ihm nicht nach. Mit solch aggressivem Verhalten könnten Sie eine Panikreaktion auslösen. Warten Sie lieber ab, bis es sich beruhigt hat. Dann fordern Sie es auf, sich Ihnen zuzuwenden, und fangen wieder von vorn an.

2 Hat das Fohlen nichts mehr dagegen, dass Halfter und Strick über seinen Ohren hängen, gewöhnen Sie es an das Gefühl, wenn das Halfter die Nase entlang nach oben gestreift und wieder abgenommen wird. Haken Sie den Führstrick für den Anfang aus, damit er sich nicht verheddern und das Aufhalftern stören kann. Stellen Sie sich auf die linke Seite und halten Sie ihm das Halfter unter die Nase, sodass es den Gegenstand beriechen und untersuchen kann. Es macht nichts, wenn es daran knabbert; es zeigt, dass es keine Angst davor hat. Akzeptiert es das herunterhängende Halfter, nehmen Sie die Schnalle in die linke Hand, greifen mit dem rechten Arm langsam über seinen Hals und packen das Genickstück. Ziehen Sie das Halfter 10- bis 15-mal an der Nase hoch, jedes Mal ein bisschen weiter, und lassen Sie es wieder hinunter. Sträubt es sich, das heißt, verspannt es sich und reckt

Hals und Kopf hoch, nehmen Sie das Halfter ab und versuchen es vorsichtig von neuem. Bewegt es sich weg von Ihnen, fordern Sie es mit Küsschen auf, sich Ihnen zuzuwenden. Dann wiederholen Sie den Vorgang. Machen Sie mit dem Auf- und Abstreifen so lange weiter, bis das Fohlen ruhig bleibt und das Gefühl akzeptiert.

Im nächsten Schritt soll das Fohlen lernen, die Nase ins Halfter zu stecken. Dazu stellen Sie sich auf die linke Seite und halten ihm wie im Bild zu sehen das Halfter unter die Nase. Schicken Sie ihm ein Küsschen, damit es sich auf Sie konzentriert. Wenn Ihr Fohlen den Kopf dreht, um Sie anzusehen, bewegt sich auch die Nase in Richtung Halfter.

Loben Sie es überschwänglich, wenn es klappt. Mit einiger Übung wird es lernen, Ihnen den Kopf zuzuwenden und zugleich die Nase ins Halfter zu stecken, wie auf dem Foto zu sehen.

3 Nun streifen Sie ihm langsam das Halfter über die Ohren und schließen die Schnalle. Verspannt es sich oder nimmt den Kopf hoch, wiederholen Sie Schritt 2. Das Stutfohlen im Bild hat Hals und Kopf gesenkt und nimmt keine Notiz vom Halfter; es hat das Gefühl akzeptiert.

Steht Ihr Absetzer ein paar Minuten ruhig mit dem Halfter da, öffnen Sie die Schnalle und lassen das Halter langsam die Nase hinunterrutschen. Geht das Fohlen weg, signalisieren Sie ihm sofort mit Küsschen, sich Ihnen zuzuwenden. Sonst assoziiert es das Abnehmen des Halfters mit Weggehen – eine gefährliche Angewohnheit. Ziehen Sie ihm das Halfter immer wieder an und nehmen Sie es wieder ab. Verlängern Sie allmählich die Zeit, die es das Halfter trägt, bis es dabei ganz ruhig bleibt. Wenn es sich beim Aufhalftern und Abnehmen überhaupt nicht mehr aufregt, ist es bereit für die Führlektion.

Lektion 5: Führen

Diese progressive Führlektion ist eine Vorstufe zum Longieren

Beim Aufhalftern hat Ihr junges Pferd erstmals Bekanntschaft mit einer Beschränkung seiner Freiheit gemacht. Auf dieser Lektion aufbauend lernt es nun, sich willig führen zu lassen. Gleichzeitig bereitet diese wichtige Lektion drei entscheidende Fähigkeiten vor: auf Druck nachgeben, auf Körpersprache reagieren und an der Longe gehen. Alle drei Elemente verbessern Ihre Kommunikation mit dem Fohlen und sind von grundlegender Bedeutung für die folgenden Lektionen und die Arbeit unter dem Sattel.

Am Halfter wird ein Lasso oder eine Longe befestigt. Im Stand bringen Sie dem Fohlen dann bei, auf sanften seitlichen Druck durch den Strick Kopf und Hals zu biegen.

Biegt es sich zuverlässig auf leichten Druck, führen Sie meine Longenübung aus, damit es lernt, auch in der Bewegung auf Druck nachzugeben – wie beim Führen.

Nehmen Sie den Strick allmählich immer mehr an, während es dem Druck nachgibt, bis Sie schließlich neben seiner Schulter gehen. Mit der nötigen Übung lernt es, mehr auf Ihre Körpersprache zu reagieren als auf den Druck. Dadurch bleibt es leicht – das heißt, mit minimalem Kontakt kontrollierbar.

Sie brauchen:

* ein gut sitzendes Halfter
* eine weiche Longe aus Baumwolle
* ein Lasso

1 Treiben Sie das Fohlen in den Round Pen oder lassen Sie ein anderes Pferd vorausgehen. Führen Sie dieses wieder hinaus und schließen Sie das Tor. Ist das junge Pferd ruhig, streifen Sie ihm wie im vorigen Kapitel gelernt ein Halfter über. Lässt es dies ohne Aufregung geschehen, können Sie weitergehen. Wird es nervös, gehen Sie zur vorigen Lektion zurück.

Dann befestigen Sie eine Longe oder ein Lasso in dem Ring unter dem Pferdekinn. Dazu nehmen Sie das aufgerollte Seil auseinander, sodass Ihnen die komplette Seillänge mit der Honda (die Honda ist die Öse an einem Seilende, durch die das Seil gezogen wird, um eine Schlinge zu bilden) zur Verfügung steht.

Fädeln Sie das Seil dann durch den Halfterring am Kinn sowie durch die Honda, wie im Bild zu sehen, und ziehen Sie den Knoten fest.

Falls Sie kein Lasso besitzen, können Sie natürlich auch eine ganz gewöhnliche Longe in das Halfter einhaken.

2 Um ein Tauziehen zu vermeiden, bringen Sie dem Youngster, statt ihn vorwärts zu zerren, als Vorstufe zum Führen bei, auf seitlichen Druck der Longe hin nachzugeben. Seitlicher Druck verursacht Bewegung: Das Fohlen wird mit Hals und Kopf nachgeben und/oder zur Seite gehen, um nicht das Gleichgewicht zu verlieren. Im Gegensatz dazu würde es ein Ziehen nach vorn nur instinktiv mit Gegenstemmen beantworten. Mit der nötigen Übung überträgt es das Nachgeben auf seitlichen Druck auf das Nachgeben zum Druck nach vorn, der entsteht, wenn Sie es auf einer geraden Linie führen wollen. Es wird außerdem lernen, auf Ihre Körperbewegungen zu reagieren und so Druck zu vermeiden.

Ich demonstriere die folgenden Schritte von links, Ihr Fohlen sollte sich jedoch von beiden Seiten führen lassen. Kehren Sie die Anweisungen einfach um.

Stellen Sie sich ca. einen halben Meter neben der linken Hüfte des Fohlens auf und halten Sie die Longe in der rechten, das aufgerollte Ende in der linken Hand. Nehmen Sie die Longe allmählich immer mehr an, bis es Kopf und Hals in Ihre Richtung biegt, wie es das Fohlen im Bild vormacht. Geben Sie sofort nach und loben Sie das junge Pferd ausgiebig mit Worten und Streicheleinheiten.

Sträubt es sich gegen den Druck oder dreht mit der Hinterhand ab (eine häufige Reaktion), geben Sie nach und versuchen es vorsichtig von neuem, bis es die gewünschte Reaktion zeigt. Wiederholen Sie diese Druck-Nachgeben-Druck-Übung, bis es auf leichten Kontakt nachgibt.

meine Longe am Boden.) Würden Sie die Longe sofort annehmen und Druck ausüben, würden Sie das junge Pferd nur verwirren. Vermutlich würde es sich dagegen stemmen und ein Tauziehen beginnen – das Gegenteil dessen, was Sie erreichen wollen.

Wenn das Fohlen einen entspannten Eindruck macht, nehmen Sie die Longe allmählich an, bis es von sich aus anhält, weil der Zirkel immer kleiner wird. Vielleicht müssen Sie mehrmals üben, bis es anhält. Arbeiten Sie daran, bis es klappt. Sie können auch mit „Whoa!" versuchen, es zum Anhalten zu bringen. Hält es an, lassen Sie

3 Nun soll das Fohlen nachgeben, während es „longiert" wird. Wie in Lektion 1 gelernt, gehen Sie auf seine innere Hüfte zu und lassen es in einem 10-m-Kreis vorwärts gehen. Bleiben Sie zwei, drei Meter hinter ihm, wie im Bild zu sehen. Damit sind Sie aus dem Schlagbereich der Hinterhufe heraus und das Fohlen ist nicht beunruhigt, weil Sie nicht in seinen „Freiraum" eindringen. Lassen Sie es ein paar Mal im Kreis gehen, ohne mit der Longe Druck auszuüben. (Wie Sie sehen, schleift sofort die Longe nach und loben und streicheln es ausgiebig. Es macht nichts, wenn es an diesem Punkt den Hals nicht biegt. Es soll sich einfach daran gewöhnen, in der Bewegung auf Druck zu reagieren. Machen Sie mit dieser Vorwärts-Stopp-Vorwärts-Übung weiter, bis es auf leichten Druck rasch reagiert.

Nun ist das Fohlen so weit, dass es auch Hals und Kopf im Gehen zum Zirkelinneren wenden kann. Lassen Sie es weiter im Kreis gehen und nehmen Sie allmählich die Longe immer kürzer, bis der ständige Druck es dazu bringt, Hals und Kopf nach innen zu wenden. Die natürliche Reaktion wird darin bestehen, dass es anhält, statt sich zu biegen, denn das hat es gerade gelernt. Aber jetzt ist das Ziel, dass es weiter vorwärts geht, während es dem Druck nachgibt. Hält es an oder zieht rückwärts, treiben Sie es nach vorn, indem Sie auf seine Hüfte sehen und notfalls das zusammengerollte Seil in diese Richtung anheben, wozu Sie es am besten in die andere Hand nehmen. (Inzwischen sollte das junge Pferd angefangen haben, Ihre Körperbewegungen mit den Signalen zum Vorwärtsgehen zu assoziieren, sodass es genügen dürfte, einfach auf seine Hüfte zu schauen.) Wiederholen Sie den letzten Abschnitt in diesem Schritt, bis es sich beständig im Kreis bewegt und auf leichten Druck mit Kopf und Hals nachgibt. Kehren Sie nun die Anweisungen um und wiederholen Sie Schritt 2 und 3 von der anderen Seite.

4 Als Nächstes verringern Sie beim Longieren allmählich die Entfernung zwischen sich und dem Fohlen, bis die korrekte Führposition auf Schulterhöhe erreicht ist. Während es weiter im Kreis geht, verkürzen Sie allmählich die Longe, bis Sie parallel zum Rumpf gehen. Aus dieser Position heraus können Sie das Fohlen besser vorwärts treiben, wenn es Widerstand leistet. Im Idealfall gibt es dem verstärkten Druck dadurch nach, dass es sich nach innen biegt. Vielleicht sind ihm der verstärkte Druck und Ihre Nähe aber auch unangenehm, sodass es zunächst mit Verspannung und erhobenem Kopf reagiert. In diesem Fall halten Sie mit der Longe einen beständigen Druck aufrecht und lassen es weiter im Kreis gehen, bis es die Muskeln entspannt und nachgibt. Zur Belohnung geben auch Sie nach und loben es ausgiebig. Wiederholen Sie diesen Schritt, bis das junge Pferd, von der Seite geführt, regelmäßig im Kreis geht und sich auf leichten oder gar keinen Druck nach innen biegt. Gelingt dies, können Sie weitergehen zu Schritt 6. Reagiert es allerdings an irgendeinem Punkt mit Anhalten, ...

5 ... ziehen Sie nicht an der Longe und kämpfen Sie nicht mit ihm. Lassen Sie das Fohlen stattdessen vorwärts gehen, indem Sie auf seine innere Hüfte

schauen oder wenn nötig den zusammengerollten Strick in die andere Hand nehmen und ihn in Richtung Hüfte anheben, wie im Bild gezeigt. Sträubt es sich weiter, sind Sie vielleicht zu schnell vorgegangen. Sie müssen den Strick wieder länger lassen und den Youngster vorwärts treiben, bis Sie wie in Schritt 3 hinter ihm gehen. Hat er sich beruhigt, arbeiten Sie sich langsam wieder vor, bis Sie erneut auf Rumpfhöhe neben ihm gehen.

6 Jetzt können Sie den Absetzer auch aus einer Schulter-an-Schulter-Position heraus führen. Aus dieser Position heraus wird er seine Fähigkeit, Ihre Körperbewegungen zu interpretieren, weiter verfeinern und sie als Signale erkennen, sich mit Ihnen im Gleichklang zu bewegen. Lassen Sie ihn weiter im Schritt im Kreis gehen und verkürzen Sie allmählich das Seil, bis Sie Schulter an Schulter neben ihm hergehen – die Position, der ich mich im Bild annähere. Wie in den vorigen Schritten sollte er dem verstärkten Druck nachgeben und Hals und Kopf nach innen wenden. Dem Fohlen im Bild sind der Druck und meine beengende Nähe unangenehm, wie der erhobene Kopf und die starre Halshaltung erkennen lassen. Reagiert Ihr Fohlen ähnlich, behalten Sie den Druck durch das Seil beständig bei und halten den Kleinen in Bewegung, bis er nachgibt. Dann lassen Sie das Seil durchhängen und loben ihn. Wenn er als Antwort auf den Druck stoppt, gehen Sie zurück zu Schritt 5. Wenn er sich aus der Schulter-an-Schulter-Position heraus beständig führen lässt und mit wenig oder gar keinem Druck nachgiebig bleibt, ...

7 ... führen Sie ihn ein Stück auf dem Kreisbogen, dann in einer geraden Linie. Um Druck nach vorn zu erzeugen, gehen Sie auf die Pferdenase zu oder sogar davor. Das Fohlen hat mittlerweile gelernt, auf Druck nachzugeben, und sollte

daraufhin einen Schritt nach vorn machen. Es hat außerdem gelernt, Ihren Körperbewegungen zu folgen, und sollte daher vorwärts gehen, wenn Sie vorwärts gehen.

Tut es dies, lassen Sie zur Belohnung sofort das Seil durchhängen und loben und streicheln das Fohlen ausgiebig.

Sträubt es sich, dürfen Sie es nicht hinterherziehen oder am Seil rucken. Dieses aggressive Verhalten könnte dazu führen, dass sich Ihr Fohlen auf Druck widersetzt und sich dagegen stemmt, wenn es angebunden wird.

Behalten Sie stattdessen, wie im Bild zu sehen, einen ständigen Druck nach vorn bei, bis es vorwärts geht. Dann lassen Sie das Seil durchhängen und loben Ihr Fohlen. Wiederholen Sie dieses Manöver von Druck, Schritt und Loslassen und erhöhen Sie allmählich die Anzahl der Schritte, die das Fohlen geradeaus macht, bis Sie es mit wenig bis gar keinem Druck aus der Schulter-an-Schulter-Position heraus auf einer geraden Linie führen können.

8 Der entspannte Ausdruck und der leichte Kontakt lassen erkennen, dass das Stutfohlen meiner Körpersprache folgt, während ich es geradeaus führe. Beherrscht Ihr Fohlen die gesamte Lektion im Schritt, wiederholen Sie sie in die andere Richtung und schließlich auch von der anderen Führseite, wenn Sie dies nicht schon getan haben.

Klappt auch die andere Richtung mühelos, können Sie das Ganze im Trab versuchen. Überfordern Sie Ihren Schüler nicht und passen Sie den Schwierigkeitsgrad der Übung seinem Lerntempo an.

Ersetzen Sie schließlich das Lasso oder die Longe durch einen Führstrick und führen Sie Ihr Fohlen damit. Es sollte auf den Druck genau gleich reagieren wie zuvor beim Führen mit Lasso oder Longe . Klappt es nicht, führen Sie es wieder mit dem Lasso oder der Longe. Führen Sie Ihren Absetzer schließlich auch in fremder Umgebung, um ihm den letzten Schliff zu verleihen und sein Selbstvertrauen zu stärken.

8

Lektion 6: Hinterbeine berühren

Mit Hilfe dieser Übungen lernt das Fohlen, Berührungen an den Hinterbeinen zu dulden – ohne Angst und Kampf

Diese Lektion baut auf dem Aussacken und dem Führen von Lektion 3 und 5 auf. Das Fohlen lernt, den vom Seil ausgeübten Druck an den Hinterbeinen zu akzeptieren, ohne auszuschlagen oder in Panik zu geraten. Wenn es Reize an den Hinterbeinen duldet, hat das für Sie vier grundlegende Vorteile: 1. Sie laufen weniger Gefahr, geschlagen zu werden, wenn Sie sich mit der Hinterhand beschäftigen.
2. Das Fohlen gewöhnt sich daran, dass ihm ein Seil zwischen den Beinen herumhängt, und wird sich nicht erschrecken, wenn Sie in der nächsten Lektion einen Wasserschlauch herumziehen, um es abzuduschen (siehe „Lektion 7: Abduschen“ auf Seite 41). 3. Es lernt ruhig zu bleiben, wenn es sich im Seil verheddert hat, was eventuellen schweren Verletzungen vorbeugt, falls es sich jemals in einem Zaun verfängt.
4. Es gewöhnt sich daran, ein Seil hinter sich herzuziehen, was eine gute Vorbereitung für zukünftige Lektionen wie Fahren vom Boden aus und Lassoarbeit ist.

Als Erstes sacken Sie das Fohlen mit dem Lasso aus. Wenn es die Berührung akzeptiert, longieren Sie es, damit es sich daran gewöhnt, dass das Seil gegen seine Hinterbeine schlackert. Duldet es auch dies, wickeln Sie ihm das Seil um den Körper und lassen das freie Ende fallen, sodass es sich in aller Ruhe aus der Verwicklung befreien kann.

Sie brauchen:
* ein gut sitzendes Halfter
* eine weiche Longe aus Baumwolle
* ein weiches, 8–10 m langes Lasso

1 Halftern Sie das Fohlen auf, führen Sie es in den Round Pen und schließen Sie das Tor. Haken Sie den Führstrick aus und befestigen Sie das Lasso am Halfter (siehe Seite 31). Ist das Fohlen zur Ruhe gekommen, sacken Sie es vorsichtig mit dem zusammengerollten Seil aus, wie in Lektion 3 (Seite 21) beschrieben. Fangen Sie mit der Vorhand an und arbeiten Sie sich allmählich an den Rücken heran. Wenn Sie ihm nur das Maul abreiben und dann gleich zu einem Hinterbein gehen würden, könnte es in Panik geraten und auszuschlagen oder wegzulaufen versuchen.

2 Hat das Fohlen nichts mehr dagegen, mit dem zusammengerollten Seil beidseitig an der Vorhand und am Rücken abgerieben zu werden, berühren Sie vorsichtig den oberen Teil des Hinterbeins. Stellen Sie sich für den Anfang in Kopfhöhe auf die linke Seite, mit Blick zum Pferd und mit dem aufgerollten Seil in der rechten Hand. Beugen Sie sich dann zur Seite, bis Sie das linke Hinterbein mit dem Seil berühren können, ohne mit dem Kopf in die Reichweite des Hinterhufs zu kommen. Stützen Sie sich mit der linken Hand und dem Ellbogen am Widerrist ab. Aus dieser Stellung heraus laufen Sie keine Gefahr, geschlagen zu werden, und können sich außerdem schnell in Sicherheit bringen, falls es plötzlich einen Satz nach vorn macht.

Höchstwahrscheinlich reagiert das Fohlen auf das „Kitzeln“ am Hinterbein damit, dass es das Bein anwinkelt, wie es das Stutfohlen hier im Bild tut. Das bedeutet nicht unbedingt, dass es vorhat auszuschlagen (nicht, wenn es ruhig bleibt und der Körper ansonsten entspannt ist), deshalb dürfen Sie es nicht schimpfen oder plötzlich zur Seite springen. Sie wollen es ja nicht verwirren oder erschrecken. Machen Sie ihm stattdessen klar, dass es alles richtig macht, indem Sie ihm wieder den Kopf abreiben, bevor es Gelegenheit zum Schlagen findet.

Arbeiten Sie sich nun in der gleichen Weise das ganze Hinterbein hinunter. Dann gehen Sie auf die rechte Seite und wiederholen die Prozedur von rechts.

3 Als Nächstes soll der Youngster akzeptieren lernen, dass das Seil im Schritt gegen sein Hinterbein schwingt. Das bereitet ihn auf Berührungen in der Bewegung vor und hält Sie aus der Reichweite seiner Hinterhufe.

Lassen Sie ihn rechter Hand auf einem 10-m-Kreis gehen, indem Sie einen Schritt auf seine innere (rechte) Hüfte zu machen. Lassen Sie die Longe etwas durchhängen, wie im Bild zu sehen, damit nicht ständig Druck auf den Kopf ausgeübt wird. Beständiger Druck könnte ihm im schlimmsten Fall das Gefühl geben, in einer Falle zu sitzen, aus der er sich durch Schlagen oder Weglaufen befreien möchte.

Bleiben Sie ein paar Meter hinter ihm und lassen Sie das Seil oberhalb des Sprunggelenks leicht gegen das innere (in diesem Fall rechte) Hinterbein schwingen.

Sicherheits-Tipp: Gerät das Fohlen in Panik und versucht, vor dem Druck davonzulaufen, lassen Sie das Seil los. Bei dem Versuch, es festzuhalten, könnten sich beide, Mensch und Pferd, ernsthaft verletzen.

Da Sie sich allmählich bis zu diesem Schritt vorgearbeitet haben, müsste Ihr Absetzer an das Seil gewöhnt sein und dürfte nicht ausschlagen. Tut er dies doch, müssen Sie länger bei Schritt 2 verweilen.

Wird er nervös und immer schneller, wenn das Seil ihn berührt, üben Sie leichten Druck auf das Halfter aus, um ihn abzubremsen.

Versucht er wegzulaufen, lassen Sie das Seil lieber los, damit er nicht noch mehr in Panik gerät und möglicherweise sich oder Sie beide verletzt. Wenn Ihr Fohlen sich wieder beruhigt hat, fordern Sie es auf, sich Ihnen zuzuwenden. Dann fangen Sie mit der Übung ganz langsam wieder von vorn an – Schritt für Schritt.

Sobald Ihr Absetzer Ihnen „sagt“, dass ihm die Seilberührungen nichts mehr ausmachen (wie das Fohlen im Bild durch seine entspannte Haltung), longieren Sie ihn auf der linken Hand und wiederholen das Ganze mit dem linken Hinterbein. Es kann durchaus sein, dass Ihr Fohlen eine Weile braucht, um diese Übung zu aktzeptieren.

4 Als Nächstes longieren Sie Ihr Fohlen wieder rechter Hand, lassen das Seil jedoch auf der linken Seite entlang laufen, wie im Bild zu sehen. Verstärken Sie den Druck und verkürzen Sie das Seil, bis Sie etwa zwei Meter seitlich von seiner rechten Hüfte stehen. Das Fohlen empfindet nun beständigen Druck am Halfter und am Hinterbein und sollte darauf reagieren, indem es den Kopf zur Umzäunung hin dreht, die Hinterhand nach rechts schwenkt und sich umdreht. Klappt es nicht gleich, verkürzen Sie das Seil weiter, sodass noch mehr Druck entsteht, bis es sich umdreht. Bleiben Sie auch dann ca. zwei Meter hinter ihm, um nicht geschlagen zu werden. Das Fohlen im Bild winkelt auf den verstärkten Druck hin das Hinterbein ab, was eine natürliche Reaktion ist. Da es ansonsten ruhig und entspannt bleibt, mache ich weiter. Verspannt sich Ihr Fohlen, gehen Sie zurück zu Schritt 3 und fangen neu an. Gibt es dem Druck zuverlässig nach und dreht sich um, wiederholen Sie das Ganze auf der anderen Hand.

5 Stellen Sie sich nun dicht neben das Fohlen und wickeln Sie ihm das Seil um den Körper, damit es lernt, einen stärkeren Druck um die Hinterhand zu akzeptieren. Diese Übung macht es auch vertraut mit dem Gefühl eines Gurts, der im Transporter oder beim Abspritzen zu seiner Sicherheit hinter ihm eingehakt wird. Fangen Sie auf der rechten Seite an, gehen Sie langsam um das Fohlen herum und wickeln Sie ihm das Seil um die Hinterhand. Macht ihm das Seil offenbar nichts

4

5

aus, gehen Sie nur Zentimeter hinter ihm vorbei, so dicht, dass Sie es praktisch streifen. Auf diese Weise bekommen Sie höchstens einen Schubs von den Sprunggelenken, sollte es sich doch entschließen auszuschlagen. Droht es deutlich zu schlagen (sichtbar durch erhobenen Kopf und Hals, angespannten Körper oder ein angehobenes Hinterbein), bleiben Sie zur Sicherheit mindesten zwei Meter von der Hinterhand weg. Haben Sie die linke Seite erreicht und nehmen das Seil vermehrt an, stellen Sie sich wie im Bild gezeigt etwas vor die Vorderbeine, damit Sie nicht geschlagen werden können, falls ihm der Druck unangenehm wird.

Schlägt es wirklich, gehen Sie zurück zu Schritt 4 und machen vorsichtig weiter. Springt es nach vorn, lassen Sie das Seil los, gehen zurück zu Schritt 4 und steigern die Anforderungen ganz langsam wieder. Sieht es ähnlich aus wie das Stutfohlen im Bild (kein angehobenes Hinterbein, keine Anzeichen von Nervosität), ...

6 ... wickeln Sie ihm eine weitere Schlinge um den Körper, sodass der Druck noch stärker wird. Wird das Fohlen nervös, wenn Sie die zweite Schlinge gelegt haben, lassen Sie es ein paar Minuten ruhig stehen, damit es sich wieder entspannt. Legt sich die Anspannung nicht, entfernen Sie das Seil und wiederholen Schritt 5 und 6.

7 Bleibt das Fohlen trotz des Seils ruhig, lassen Sie das freie Ende los, schicken ihm ein Küsschen und gehen weg – das Zeichen, dass es Ihnen folgen soll. Wenn Sie die Lektion korrekt ausgeführt haben, müsste es sich in aller Ruhe aus den Verwicklungen befreien. Gerät es in Panik oder schlägt um sich, sind Sie zu schnell vorgegangen. Sie müssen zu Schritt 4 zurückgehen und langsam von neuem beginnen. Wenn es gelernt hat, den Druck durch das Seil zu akzeptieren – anstatt zu kämpfen oder zu schlagen –, haben Sie die Lektion erfolgreich durchgeführt.

Lektion 7: Abduschen

Hier lernt das Fohlen Schritt für Schritt, sich abduschen zu lassen

Sie möchten Ihr Fohlen abduschen können – aber ohne Wasserschlacht. Dann gewöhnen Sie es zuerst an den Anblick und das Geräusch von tröpfelndem Wasser. Hat es dies akzeptiert, drehen Sie das Wasser etwas mehr auf und sprühen seine Hufe an. Sind diese erst einmal richtig nass, sprühen Sie vorsichtig die Vorderbeine ab, dann die Schultern, Hals und Kopf und schließlich die Hinterbeine. Zu guter Letzt shampoonieren Sie das Fohlen ein und waschen die Seife genauso Schritt für Schritt wieder aus.

* Sehen Sie aufs Thermometer. Duschen Sie Ihr Fohlen nur an warmen Tagen (mindestens 16 Grad Celsius), damit es sich nicht verkühlt. Wenn es heiß ist, verbindet es dagegen angenehme Gefühle mit der willkommenen Abkühlung.
* Bleiben Sie aus dem Schlagbereich. Wenn Sie sich um die Hinterhand herum bewegen, bleiben Sie entweder in ca. drei Meter Entfernung oder aber so dicht, dass Ihre Beine und seine Hinterbeine nur Zentimeter voneinander entfernt sind. Sollte es ausschlagen, kann es Sie entweder nicht treffen, oder es kann Ihnen nur einen Schubs mit den Sprunggelenken geben.

Sie brauchen:

* einen freien Platz von mindestens 10 m Durchmesser, ohne Stolperstellen und mit rutschfestem Belag (Erde, Gras oder Sand). Sie können auch einen Waschplatz benutzen, binden in diesem Fall das junge Pferd aber nicht an, es sei denn, es ist bereits daran gewöhnt. Es könnte sich durch das Anbinden gefangen fühlen und sich gegen den Strick stemmen – eine gefährliche Angewohnheit.
  Da dieses Stutfohlen schon Übung hat, demonstriere ich die Lektion auf einer asphaltierten Fläche. Für unerfahrene Pferde ist solch eine glatte Oberfläche jedoch nicht geeignet.
* einen Wasserschlauch
* einen Sprühkopf, an dem man die Druckstärke einstellen kann
* ein mildes Shampoo, das das Fell weich und glänzend macht. Um das Gesicht abzuwaschen, sind Baby-Haarpflegemittel gut geeignet: Sie brennen nicht, wenn sie dem Fohlen aus Versehen in die Augen laufen, und rufen daher keine Panikreaktionen hervor.
* einen Gummi-Putzhandschuh
* ein gut sitzendes Halfter
* einen weichen Führstrick aus Baumwolle

1 Rüsten Sie das Fohlen mit Halfter und Führstrick aus, führen Sie es zum Waschplatz und schließen Sie das Tor (falls vorhanden). Ist das Fohlen ruhig, gewöhnen Sie es an den Anblick und das Geräusch von tröpfelndem Wasser. Drehen Sie den Wasserhahn oder den Sprühkopf an Ihrem Schlauch nur so weit auf, dass das Wasser herauströpfelt. Da dies seine erste Duscherfahrung ist, erhöhen Sie den Wasserdruck nur sehr allmählich, um es nicht zu erschrecken.

Halten Sie das Fohlen mit einer Hand fest und duschen Sie es mit der anderen ab. Stellen Sie sich etwas seitlich auf, den restlichen Wasserschlauch zur Seite geschoben, wie im Bild gezeigt. So kann es Sie nicht umrennen, wenn es nach vorn springt, und Sie stolpern nicht über den Schlauch. Halten Sie den Schlauch ein Stück weg, sodass es das Wasser sehen kann, aber noch keine Berührung damit hat. Wenn Sie es so früh schon ansprühen, könnte es sich aufregen und eine Abneigung gegen Wasser entwickeln. Gehen Sie mit dem tröpfelnden Schlauch allmählich näher heran, bis es sich entspannt und sich wohl zu fühlen scheint. Der neue Reiz fesselt vermutlich seine Aufmerksamkeit, es wird die Ohren spitzen wie das Fohlen im Bild. Verspannt es sich oder bewegt sich weg vom Schlauch, dürfen Sie es nicht durch Zerren am Strick oder ein lautes „Whoa!" strafen. Führen Sie es stattdessen mit leichtem Druck durch den Führstrick an seinen Platz zurück und beginnen Sie von vorn. Es macht nichts, wenn es ein wenig herumzappelt. Mit der Wiederholung lernt es, den tröpfelnden Schlauch zu akzeptieren und stehen zu bleiben.

2 Regt das tröpfelnde Wasser das Fohlen nicht mehr auf, drehen Sie das Wasser etwas mehr auf und wiederholen Sie Schritt 1, bis der stärkere Strahl und das auf den Boden platschende Wasser ihm nichts mehr ausmachen. Jetzt ist es so weit, dass Sie es ansprühen können, und zwar nach der gleichen Methode wie beim Aussacken (siehe Lektion 3, Seite 21). Tipp: Hat Ihr Wasserschlauch keine Sprühvorrichtung, legen Sie den Daumen über die Öffnung, um eine Sprühwirkung zu erzeugen.

Bleiben Sie weiterhin neben dem Fohlen stehen. Sprühen Sie für den Anfang

1

2

einen seiner Hufe ein, denn das ist die Stelle, die es am wenigsten zu einer Panikreaktion veranlassen wird. Sträubt es sich nicht dagegen, arbeiten Sie sich langsam wie im Bild gezeigt am Bein nach oben. Jedes Mal, wenn es das Wasser an einer anderen Stelle akzeptiert, gehen Sie wieder zurück zum Huf. Dies ist nun seine Komfortzone. Wenn Sie dahin zurückgehen, sagen Sie ihm damit, dass es sich korrekt verhält. Wird es nervös, gehen Sie zu Schritt 1 zurück oder verringern den Wasserdruck. Fangen Sie vorsichtig wieder an. Bewegt es sich weg, führen Sie es mit dem Strick wieder an seinen Platz zurück.

3 Sobald Ihr Fohlen die Feuchtigkeit am Bein akzeptiert hat, arbeiten Sie sich langsam zur Schulter und zum Hals hinauf. Bei dem Fohlen im Bild bestand die – häufige und akzeptable – Reaktion auf den Sprühstrahl an der Schulter darin, dass es ein paar Schritte nach vorn machte. Die entspannte Körperhaltung sagt mir, dass es keine Angst hat, deshalb hindere ich das Stütchen mit leichtem Druck auf den Führstrick daran, noch weiter vor zu kommen.

Beim ersten Zeichen von Verspannung würde ich das Wasservolumen verringern oder eine Stelle in der Komfortzone ansprühen. Im Laufe der Übung wird das Fohlen lernen, ruhig stehen zu bleiben.

4 Verringern Sie nun die Sprühstärke wieder und besprühen Sie den Fohlenkopf, möglichst ohne dass Wasser in Nüstern oder Ohren gerät. Wasser in den Nüstern würde als unangenehm empfunden, Wasser in den Ohren könnte sogar die empfindliche Struktur des Innenohrs verletzen. Beides könnte dazu führen, dass das Fohlen Ihnen und der Duschprozedur misstraut. Lassen Sie das Wasser nur sanft die Stirn herunterrieseln. Die angespannten Halsmuskeln des Fohlens im Bild zeigen, dass es nervös ist. Es soll aber entspannt bleiben, weshalb ich die Wassermenge noch weiter reduziert habe. Sobald es das Wassergetröpfel akzeptiert hat, sprühe ich wieder die Hufe an und verstärke dann allmählich den Wasserdruck am Kopf. Lässt sich Ihr Youngster am Kopf nicht absprühen, gehen Sie zu Lektion 3 auf Seite 21 zurück und sacken ihn am Kopf aus.

3

4

5

5 Lässt sich das Fohlen ohne Widerstand am Kopf absprühen, bleiben Sie weiter seitlich von ihm stehen und beziehen langsam, mit der gleichen Schritt-für-Schritt-Methode, Rumpf, Rücken und Hinterhand mit ein. Dabei kann der Wasserschlauch in Berührung mit den Fohlenbeinen kommen. Das macht nichts, es sollte sich darüber nicht aufregen, hat es die Lassoarbeit in der vorigen Lektion doch erfolgreich abgeschlossen. Regt es sich doch auf, drehen Sie das Wasser ab und führen es vom Schlauch weg.

Sie werden mit Ihrem Fohlen Lektion 6 (Seite 36) wiederholen müssen, bevor Sie von ihm erwarten können, dass es diesen Schritt hier ausführt und den Wasserschlauch ruhig akzeptiert. Erst wenn die Übung mit dem Lasso problemlos funktioniert, sollten Sie Ihr Fohlen wieder mit dem Wasserschlauch konfrontieren.

Gehen Sie dann wieder Schritt für Schritt vor und beginnen das Abduschen mit Übung 1 auf Seite 42. Wichtig ist, dass Sie das Wasser zunächst nur tröpfeln lassen und nicht gleich auf Ihr Fohlen richten. Es sollte sich den Wasserstrahl zuerst anschauen dürfen und Vertrauen gewinnen. Erst wenn das Fohlen entspannt ist und die Situation ohne Angst akzeptiert, sollten Sie es behutsam mit dem Wasserstrahl in Berührung bringen.

Zappelt es herum oder entfernt sich vom Wasserschauch, führen Sie es geduldig auf seinen Platz zurück und fahren in aller Ruhe fort. Beginnen Sie mit den Hufen und arbeiten Sie sich die Beine hinauf. Es macht keinen Sinn zu schnell vorzugehen. Kehren Sie immer wieder zur Komfortzone am Huf zurück. Haben Sie eine Seite vollständig abgeduscht, wiederholen Sie Schritt 1-5 auf der anderen Seite.

6 Jetzt sind Sie so weit, das Fohlen einzushampoonieren. Drehen Sie zunächst das Wasser ab und schieben Sie den Schlauch beiseite. Mit einer Hand halten Sie das Fohlen, an die andere ziehen Sie einen Putzhandschuh aus Gummi. Ich rubbele meine Pferde lieber mit einem Putzhandschuh ab als mit der Hand oder einem Schwamm, weil sie die Massagewirkung angenehm finden und sich damit besser entspannen.

Nehmen Sie eine großzügige Portion Shampoo auf den Handschuh und beginnen Sie mit einem Vorderbein. Massieren Sie den Schaum sanft ins Fell und arbeiten Sie sich allmählich zur Schulter und zum Hals hinauf. Da Sie die Lektion „Aussacken" erfolgreich hinter sich gebracht haben, sollte dies ohne Nervosität vonstatten gehen. Verspannt sich Ihr Fohlen trotzdem, gehen Sie zu einer Komfortzone zurück und gehen von dort aus langsam weiter. Wenn der Kopf an die Reihe kommt, spülen Sie das Shampoo vom Putzhandschuh ab und drücken einen Klecks Baby-Shampoo darauf. Seifen Sie den Kopf vorsichtig ein und halten Sie das Shampoo so gut wie möglich aus den Augen heraus. (Auch wenn es nicht brennt, wäre es ihm unangenehm.)

Reiben Sie Ihrem Fohlen auch gründlich beide Ohren wie im Bild gezeigt, damit es sich daran gewöhnt, sich an den Ohren anfassen zu lassen.

Vielleicht streckt es zunächst Kopf und Hals in die Höhe wie das Fohlen im Bild, aber wenn es ansonsten entspannt bleibt, reiben Sie ihm weiter sanft die Ohren. Regt es sich sehr auf, sind Sie vielleicht zu schnell vorgegangen. Gehen Sie in diesem Fall einen Schritt zurück und fangen Sie langsamer wieder an. Haben Sie den ganzen Kopf eingeseift, ...

7 ... arbeiten Sie sich langsam an die Hinterhand heran und nehmen sich dann die andere Seite vor. Wenn Sie hinten um das Fohlen herumgehen, denken Sie an den Sicherheits-Tipp zu Beginn dieser Lektion und halten Sie sich dementsprechend aus der Reichweite der Hinterhufe heraus. (Das Stutfohlen hat sich aus dem Waschbereich herausgemogelt, weshalb ich es mit Druck auf den Führstrick umgedreht habe, sodass es jetzt andersherum steht.) Ist Ihr Fohlen am ganzen Körper eingeschäumt, nehmen Sie den Wasserschlauch wieder auf ...

8 ... und spülen es vorsichtig wieder ab, beginnend mit den Hufen, dann langsam nach oben und am Körper entlang nach hinten. Ist alles Shampoo ausgespült, loben Sie Ihr Fohlen ausgiebig und ziehen das Fell mit einem Schweißmesser ab.

Lektion 8: Punktgenaue Kontrolle

Wenn Sie einzelne Körperpartien mit Hilfe von Druck und Nachgeben isoliert lenken können, haben Sie die totale Kontrolle

Ihnen die vollständige Kontrolle zu verschaffen ist der wichtigste Aspekt in der Ausbildung des Fohlens. Um dieses Ziel zu erreichen, müssen Sie zuerst lernen, einzelne Körperpartien isoliert zu lenken. Es ist ein Element, das sehr oft übersehen wird und dann zu einer frustrierenden, destruktiven Beziehung führt, in der das junge Pferd – mehr als Sie – zur bestimmenden Instanz wird.

Malen Sie dem Fohlen zuerst mit einer gut abwaschbaren Farbe runde Flecken auf die Ohrenspitzen, auf jede Maul- und Halsseite, auf die Schultern und auf die Hüften. Auf diese fünf Bereiche konzentrieren Sie sich mit Ihrer Arbeit.

Der Schlüssel zum Erfolg in dieser Übung heißt Einfachheit. Sie bringen jeden Fleck – und damit die betreffende Körperpartie – mit Hilfe des „Motivators" in Bewegung. In dieser Übung besteht der Motivator aus dem Druck des Führstricks. Als Erstes wählen Sie einen Fleck aus und beschließen, wohin er sich bewegen soll. Sie werden mit Druck nach oben, unten, links, rechts, vorwärts und rückwärts experimentieren, bis sich der Fleck in jede von Ihnen gewünschte Richtung bewegt. Dabei werden Sie feststellen, wie sich die Bewegung dieses bestimmten Flecks auf die Position aller anderen auswirkt. Wenn Sie die Verbindung zwischen den Partien erkannt haben, werden Sie bald in der Lage sein, die Bewegungen Ihres Fohlens erfolgreich zu kontrollieren.

Sie brauchen:
* ein gut sitzendes Halfter
* einen weichen Führstrick
* einen roten Markierstift

1 Legen Sie dem Fohlen das Halfter an, führen Sie es am Führstrick zu der Stelle, wo Sie arbeiten wollen, und schließen Sie das Tor. Malen Sie ihm die Flecken auf. Dass der Motivator aus dem Druck des Führstricks besteht, habe ich bereits erwähnt, also brauchen Sie sich nur noch einen Fleck auszusuchen.

Ich arbeite von vorn nach hinten und fange deshalb mit dem Fleck am linken Maulwinkel an, den ich nach links bewegen will. Dazu stellen Sie sich auf die linke Seite und üben in die Richtung, in die der Fleck sich bewegen soll (links), einen beständigen Druck am Führstrick aus. Wichtig ist außerdem, dass Sie den Fleck im Auge behalten, damit Sie sich nicht ablenken lassen und an einen anderen Fleck denken.

Sobald das Fohlen mit dem Maul auch nur die leiseste Bewegung nach links macht, geben Sie sofort nach und loben es. Beim ersten Mal reagiert es vielleicht noch nicht richtig, sondern hebt oder senkt den Kopf. In diesem Fall halten Sie den Druck aufrecht, bis es das Maul – und den Fleck – in die von Ihnen gewünschte Richtung bewegt. In die Richtung, in die Sie diesen Fleck lenken, bewegen sich, wie Sie feststellen werden, auch die Flecken am Ohr und am Hals.

Für lösende Übungen und Seitengänge gilt der gleiche Grundsatz. Wenn Sie diesen Fleck nach links lenken, bringen Sie außerdem die Hüfte dazu, in die entgegengesetzte Richtung zu schwingen. Das heißt, Sie können über das Maul die Hüften des Fohlens kontrollieren. Ich gehe weiter, aber Sie sollten noch dabei bleiben und mit diesem und anderen Flecken in verschiedene Richtungen experimentieren.

1

2 Als Nächstes bringen Sie den linken Ohrfleck nach unten. Sie stellen sich auf die linke Seite und üben einen beständigen Druck nach unten aus, bis das Fohlen den Kopf senkt.

Dann geben Sie nach und loben es. Wiederholen Sie das Ganze und versuchen Sie es dazu zu bringen, dass es den Ohrfleck jedes Mal ein Stückchen weiter nach unten senkt, bis es mit seiner Nase den Boden berührt.

Mit den gleichen Signalen bringen Sie Ihr Fohlen dazu, das rechte Ohr, Hals und Kopf zu senken. Auf dieses Signal hin soll es später einmal auch den Kopf senken, falls es ihn beim Auftrensen hochstreckt.

Hier unten auf dem Bild sehen Sie die Leichtigkeit, die Sie sich wünschen: Ich nehme den Führstrick in die Hand, und das Fohlen senkt schon auf die bloße Erwartung des Drucks hin den Kopf. Um es dem Fohlen einfacher zu machen und um den Druck nach unten bequemer ausüben zu können, habe ich mich hingekniet. Je mehr Ihr Fohlen wächst, desto einfacher wird die Übung für Sie , wenn Sie stehen bleiben.

Sie fragen sich vielleicht, warum Sie lernen sollen, den Ohrfleck zu kontrollieren, obwohl Sie das gleiche Ergebnis erzielen können, wenn Sie die Flecken auf Hals und Maul bewegen.

Der Grund ist. Wenn Sie erst im Sattel Ihres jungen Pferdes sitzen, sind die Ohrflecken das, was Sie von oben am besten sehen. Hebt es den Kopf, benutzen Sie dieses Signal, um ihn zu senken, wobei Sie sich an den Ohren orientieren.

Sie sehen, dass alle unsere Übungen vom Boden aus , Ihr junges Pferd auch auf die Arbeit unter dem Sattel vorbereiten.

2

3 Wenden Sie das gleiche Prinzip bei dem Fleck auf der linken Halsseite an. Bewegen Sie ihn nach hinten, indem Sie so lange Druck ausüben, bis das Fohlen einen Schritt zurücktritt. Bei dem Fohlen im Bild zeigen der erhobene Kopf, die steife Körperhaltung und die fest in den Boden gerammten Beine Beunruhigung an. (Vergleichen Sie die steife Haltung hier mit dem entspannten Aussehen in Bild 2). Es ist so verspannt, dass es sich kaum bewegen kann. Um dies zu verstehen, müssen Sie einmal aufstehen und alle Muskeln, besonders die der Beine, anspannen. Und nun versuchen Sie, das linke Bein nach hinten auszustrecken. Es ist fast unmöglich. Nun entspannen Sie sich und versuchen es erneut. Spüren Sie den Unterschied?

Solange das Fohlen hier nicht zu viel Angst bekommt und versucht davonzulaufen, halte ich den Druck aufrecht, bis es sich entspannt und einen Schritt macht. Dann gebe ich nach, lobe es und versuche es wieder, bis es auf ein federleichtes Signal hin zurücktritt. Bekommt Ihr Fohlen Angst und versucht sich zu entziehen, gehen Sie auf einen Fleck in der Komfortzone zurück und arbeiten sich langsam wieder vor. Wenn es beständig den Hals (mit allen Flecken) nach hinten bewegt, haben Sie Ihrem Fohlen ohne großen Stress das Rückwärtstreten beigebracht.

4 Nehmen Sie sich nun den Fleck auf der linken Schulter vor. Bewegen Sie den Fleck nach rechts, indem Sie auf seine Schulter sehen, mit dem Führstrick seitlichen Druck ausüben und einen Schritt in seine Richtung machen. Geben Sie nach, wenn es wie das Fohlen im Bild nach rechts geht. Wiederholen Sie den Druck und das Nachgeben, bis es mehrere Schritte zur Seite macht. Bewegt sich der Schulterfleck seitwärts, folgen ihm die anderen Flecken an der Vorhand nach. Wenn das Fohlen noch feinfühliger auf Ihre Signale reagiert und mehrere Schritte zur Seite tritt, haben Sie ihm die Grundlagen der Wendung auf der Hinterhand beigebracht.

3

4

5 Versuchen Sie nun, den Fleck auf der linken Hüfte nach rechts zu bewegen.

Das Signal für das Fohlen besteht darin, dass Sie mit dem Führstrick Druck in die entgegengesetzte Richtung ausüben, in die die Hüfte sich bewegen soll. Dadurch wird die Vorhand stabilisiert und die Hinterhand beweglicher.

Wie auf dem Bild unten abgebildet, üben Sie hierfür mit dem Führstrick leichten Druck nach links aus. Sie sehen, wie der Kopf des Fohlens nach links gebogen ist, seine Hüfte sich hingegen nach rechts bewegt.

Gehen Sie auf die linke Hüfte zu, damit Ihr Fohlen sie nach rechts bewegt. Wie Sie sehen, tritt auf diese Weise die Hinterhand um die Vorhand herum. Gleichzeitig bewegen Sie Maul-, Ohr- und Halsflecken nach links. Damit haben Sie die Grundlage für eine Wendung auf der Vorhand geschaffen.

Wechseln Sie nun die Seite und versuchen die Übung von rechts. Wahrscheinlich fällt es Ihnen schwerer, die rechte Hüfte Ihres Fohlens nach links zu bewegen. Das ist aber reine Übungssache und nach ein paar mal üben klappt es sicherlich auch auf der ungewohnten rechten Seite. Es ist wichtig, dass Sie Ihr Fohlen auf beiden Seiten gleichmäßig ausbilden.

Haben Sie alle Flecken auf beiden Seiten durchgearbeitet und das Fohlen reagiert auf leichten Druck mit dem Führstrick, versuchen Sie, auf der Grundlage des eben Gelernten eine fortgeschrittene Bodenübung zusammenzusetzen.

Bewegen Sie zum Beispiel den Ohrfleck nach vorn und die Flecken an Hals und Hüfte nach rechts, indem Sie mit dem Führstrick gleichzeitig Druck nach vorn und nach rechts ausüben. Das Fohlen sollte sich auf zwei Hufschlägen, im Seitengang, diagonal nach rechts über den Platz bewegen.

Die Kombinationsmöglichkeiten sind endlos. Je mehr Sie diese Übung ausbauen, desto besser ist Ihr Fohlen auf zukünftige Lektionen und die Ausbildung unter dem Reiter vorbereitet.

5

Lektion 9: Die Westen-Osten-Süden-Norden-Lektion

Mit dieser effektiven Longenlektion bauen Sie auf der Grundlage der Kontrolle weiter auf

Sie haben gelernt, einzelne Körperpartien gezielt in Bewegung zu versetzen, und sind damit auf dem besten Weg zur vollständigen Kontrolle über Ihr Fohlen.

Auf dieser Grundlage bauen Sie nun weiter auf mit meiner WOSN (=Westen, Osten, Süden, Norden)-Lektion. In dieser Lektion lernt das Fohlen, sich in alle vier Himmelsrichtungen zu bewegen, indem es rechter und linker Hand im Kreis läuft, umdreht, die Laufrichtung wechselt und vor- und zurücktritt, alles auf leichten Druck von Führstrick oder Longe hin. Außerdem wird das Stoppsignal von Lektion 5 (Seite 30) noch stärker verankert.

Malen Sie dem Fohlen zunächst wie in Lektion 8 mit abwaschbarer Farbe Flecken in beide Maulwinkel und auf beide Hüften. Mit diesen beiden Bereichen arbeiten Sie, um das Fohlen zu manövrieren, und zwar mit den Hüftflecken zum Vorwärtsschicken und den Maulflecken für Rückwärtsbewegungen und zum Anhalten.

Zuerst lassen Sie das Fohlen im Schritt, später auch im Trab rechter und linker Hand zirkelähnlich im Kreis laufen. Dann werden die Fähigkeiten, die Sie in Lektion 2 und 8 gelernt haben, weiter verfeinert: Das Fohlen soll auf Kommando anhalten, Sie ansehen und die Richtung wechseln. Hat es diese Grundlagen begriffen, lassen Sie es immer öfter die Richtung wechseln, zum Schluss nach jeweils einem halben Zirkel. Mit Hilfe der Methode von Druck und Nachgeben lassen Sie es dann rückwärts treten und im Schritt und im Trab zu Ihnen nach vorn kommen.

Sie brauchen:

* ein gut sitzendes Halfter
* einen 3–4 m langen weichen Führstrick oder eine Longe aus Baumwolle (Ich verwende einen Führstrick, weil er sich leichter verlängern und verkürzen lässt.)
* Farbe zum Aufmalen
* eine Dressurgerte (nur, wenn Sie mögen)

1 Führen Sie das Fohlen, ausgerüstet mit Halfter und Führstrick (oder Longe) in die Mitte des Arbeitsbereichs, schließen Sie das Tor und malen Sie die Flecken auf. Ich werde Ihnen erklären, mit welchen Signalen Sie das Pferd linksherum auf den Zirkel schicken können. Für den Zirkel rechter Hand brauchen Sie die Signale nur entsprechend umzukehren. Stellen Sie sich mit Blick auf die Schulter des Fohlens in einem Winkel von ca. 45 Grad zu seinem Rumpf auf. Den Führstrick halten Sie in der linken, das freie Ende in der rechten Hand. Das Stutfohlen im Bild reagiert auf leichte Signale, deshalb lasse ich den Strick etwas länger. Wenn Sie mehr Kontrolle brauchen, ergreifen Sie den Strick ein paar Zentimeter unterhalb des Karabinerhakens und lassen das Fohlen in kleinen Kreisen um sich herumgehen (kleines Foto). Wenn Sie das Fohlen mit einer Dressurgerte aufmuntern wollen, wickeln Sie ihm das freie Ende des Stricks lose um den Hals, damit es aus dem Weg ist. Die Gerte halten Sie dann in der rechten Hand.

Um das Fohlen linker Hand auf den Zirkel zu schicken, gehen Sie langsam auf seine innere (linke) Hüfte zu und lassen wenn nötig das freie Ende des Stricks gegen seine Hüfte schwingen. Außerdem können Sie dieses Signal zum Vorwärtsgehen noch durch ein Küsschen oder zwei verstärken. Tritt es nicht an, fassen Sie den Strick näher am Karabinerhaken und schicken es auf einen kleinen Zirkel, indem Sie es mit dem Strickende oder der Gerte sanft an der Hüfte berühren (kleines Bild). Setzt es sich in Bewegung, hören Sie mit dem Antippen und Berühren auf und lassen den Strick langsam immer mehr durchhängen, damit Sie nicht unbeabsichtigt Druck ausüben und das Fohlen verwirren.

Vielleicht regt sich das Fohlen auf und trabt davon, wie es das Stutfohlen im Bild getan hat. In diesem Fall bremsen Sie es mit leichtem Druck durch den Führstrick und Ihrer Stimme („Laaangsam!“ oder „Scheeeritt!“) ab. Wenn es trabt, aber dabei ruhig und entspannt bleibt, brauchen Sie gar nichts zu unternehmen.

1

1b

2

2 Läuft das Fohlen gleichmäßig im Kreis (was nach zwei bis vier Umrundungen der Fall sein müsste), lassen Sie es anhalten. Ergreifen Sie den Strick mit beiden Händen, üben Sie so viel Druck aus, wie Sie zum Anhalten brauchen, und sagen Sie „Whoa!". Verwenden Sie dieses Stimmsignal überhaupt immer zum Anhalten, damit es sich als Stoppsignal einprägt und auch bei der Arbeit unter dem Sattel eingesetzt werden kann. Hält es nicht an, verstärken Sie den Druck, gehen gleichzeitig in Richtung auf den Maulfleck, um eine Barriere zu schaffen, und sagen noch energisch er „Whoa!". Stoppt es, loben Sie es, lassen es einen Augenblick ruhig stehen und schicken es dann noch einmal in dieselbe Richtung auf den Zirkel. Möglicherweise sträubt sich das Fohlen gegen den Druck und hebt Kopf und Hals wie das Stutfohlen hier im Bild. Mit der nötigen Übung wird es lernen, dem Druck nachzugeben.

Wiederholen Sie diese Zirkel-Stopp-Sequenz, bis das Fohlen auf leichten Kontakt hin korrekt reagiert. Machen Sie dann das Gleiche im Trab. Klappt es mit dem Trab auf dem Zirkel und dem Anhalten auf der linken Hand, kehren Sie die Signale um, schicken es auf einen Zirkel rechtsherum und wiederholen Schritt 1 und 2.

3 Führt das Fohlen die Zirkel-Stopp-Übung zuverlässig auf beiden Händen im Schritt und Trab aus, fordern Sie es auf, beim Anhalten den Hals nach innen zu wenden und Sie mit beiden Augen anzusehen. Damit nimmt es nicht nur die Stellung ein, die dem Richtungswechsel vorausgeht, sie dient auch dazu, dass es sich auf Sie konzentriert und sich nicht von außen ablenken lässt. Lassen Sie es im Schritt oder Trab auf dem Zirkel gehen und fordern Sie es dann mit Druck vom Führstrick und dem Stimmsignal zum Anhalten auf.

Üben Sie weiterhin seitlichen Druck aus, bis das Fohlen den Hals nach innen biegt. Geben Sie nach und loben Sie es. Wiederholen Sie das Manöver Zirkel-Stopp-Biegen und fordern Sie jedes Mal

mehr Biegung, bis es Sie mit wenig oder gar keinem Kontakt mit beiden Augen anschaut. Dann wiederholen Sie die Übung auf der anderen Hand.

4 Nun ist Ihr Absetzer bereit, auf Kommando flüssig die Richtung zu wechseln. Ich erkläre den Vorgang für einen Wechsel vom Zirkel rechter zum Zirkel linker Hand. Für den Wechsel von links nach rechts brauchen Sie nur die Kommandos umzukehren. Schicken Sie das Fohlen rechtsherum im Schritt oder Trab auf den Zirkel. Ist es zweimal herumgelaufen, üben Sie leichten Druck mit dem Führstrick aus, damit es langsamer wird (stoppen soll es nicht – die Vorwärtsbewegung soll erhalten bleiben), den Hals nach innen biegt und Sie anschaut.

5

5 Üben Sie mit dem Strick zugleich Druck nach oben und nach links aus und gehen Sie auf die linke Hüfte des Fohlens zu, die zur inneren werden soll. Damit signalisieren Sie ihm, dass es sich dem Zirkelinnern zuwenden soll. Schwingen Sie wenn nötig das freie Ende des Stricks gegen diese Hüfte, um es auf die linke Hand zu treiben.

Sträubt es sich gegen den Druck (was sich anfühlt, als ob es sich auf den Strick stützen würde), helfen Sie mit einem noch härteren, beständigen Druck nach, bis es die Richtung wechselt.

Reißen Sie nicht am Strick, das könnte das Fohlen erschrecken und dazu bringen, dass es steigt oder sich dagegen stemmt – das Gegenteil dessen, was Sie mit dieser Lektion bezwecken.

Mit einiger Übung wird es sensibler reagieren. Lassen Sie es zwei Mal linksherum auf dem Zirkel gehen oder so lange, bis es sich beruhigt hat. Dann …

6 … fordern Sie es auf, wieder zu wechseln und rechter Hand auf den Zirkel zu gehen. Üben Sie mit dem Strick Druck nach oben und rechts aus als Zeichen für das Fohlen, sich umzuwenden, und gehen Sie auf seine rechte Hüfte zu, damit es auf den Zirkel geht.

Lassen Sie es jeweils nach zwei, drei Umrundungen die Richtung wechseln, bis es lernt, die Halsmuskeln zu entspannen und Ihnen leicht den Kopf zuzuwenden, sodass der Strick etwas durchhängt und es den Richtungswechsel auf leichten Kontakt hin ausführt.

Hetzen Sie Ihr Fohlen nicht, achten Sie auf ruhige und eindeutige Körperbewegungen. Orientieren Sie sich an den roten Körperflecken des Fohlens.

Wenn die Übung problemlos klappt, lassen Sie Ihr Fohlen häufiger die Richtung wechseln – nach einem vollständigen Zirkel, nach einem halben, aber immer nur auf leichten Kontakt hin.

7 Verfeinern Sie nun das Rückwärtstreten auf Kommando. Rückwärts zu gehen hat das Fohlen schon in der vorigen Lektion gelernt, das sollte ihm nichts Neues mehr sein. Nun geht es darum, dass es den Hals fallen lässt, das Kinn so weit herannimmt, dass die Nasenlinie senkrecht zum Boden verläuft, und in dieser Haltung fließend ein paar Schritte zurücktritt.

Der Schlüssel ist: Es muss lernen, auf Druck – nicht nur auf Ihre Körpersprache – zu reagieren, als Vorbereitung auf die zukünftige Arbeit unter dem Sattel, wenn es dem Gebiss nachgeben soll. Hat es einmal die Verbindung zwischen Druck durch den Führstrick und Rückwärtstreten hergestellt, wird es ihm später leichter fallen, den Zügeldruck nach hinten mit „zurück" zu interpretieren.

Stellen Sie sich in Kopfhöhe links von Ihrem Fohlen auf. Schauen Sie in Richtung Hinterhand und halten Sie den Strick einige Zentimeter unterhalb des Karabinerhakens in der linken, das freie Ende in der rechten Hand. Üben Sie Druck nach unten-hinten aus und machen Sie gleichzeitig einen Schritt vorwärts, auf das Fohlen zu. Tritt es einen Schritt zurück, ist das wunderbar – es reagiert auf Ihre Körpersprache und die Drucksignale. Geben Sie nach und loben Sie es.

Bleibt es unbeweglich stehen, üben Sie weiter Druck nach unten-hinten aus, bis es einen Schritt macht. Loben Sie es schon für den Versuch, zurückzutreten. Nehmen Sie dann den Prozess von Druck und Nachgeben wieder auf, bis es auf leichten Kontakt hin mehrere Schritte rückwärts tritt. Das Fohlen im Bild macht einen entspannten Eindruck (zu sehen an der natürlichen Halshaltung). Mit der nötigen Übung wird es lernen, sich noch mehr zu entspannen und den Kopf zu senken. Fordern Sie es dann dazu auf, mehr Schritte – und schneller – zurückzutreten.

8

8 Beenden Sie die Lektion „Westen-Osten-Süden-Norden" damit, dass Sie das Fohlen auf leichten Druck mit dem Führstrick zu sich herkommen lassen. Damit lernt es, auf Kommando zu Ihnen zu kommen – die Grundlage für die nächste Lektion.

In der nächsten Lektion geht es nämlich darum, dass das Fohlen lernt ohne Druck durch den Führstrick zu Ihnen herzukommen. Hat das Fohlen dies gelernt, müssen Sie es nie auf der Weide oder im Paddock herumscheuchen, wenn Sie es einfangen wollen. Sie werden später oft dankbar sein, dies mit Ihrem Fohlen so ausdauernd geübt zu haben. Aber zunächst muss die Grundlage für das Herkommen auf Kommando gelegt werden.

Üben Sie dies folgendermaßen: Stellen Sie sich ca. einen Meter vor das Fohlen und üben Sie einen beständigen Druck aus, wie im Bild oben zu sehen. Sträubt es sich mit erhobenem Kopf gegen den Druck wie das Stutfohlen im Bild, ...

9 ... schicken Sie es mit den Signalen, die Sie in Schritt 1 gelernt haben, auf den Zirkel. Zerren Sie nicht am Strick und versuchen Sie nicht, das Fohlen zu sich heranzuziehen. Damit lernt es nur, sich dem Druck zu widersetzen und sich dagegen zu stemmen – das Gegenteil unseres Ziels. Ist es ein paar Mal im Kreis gegangen, halten Sie es wie in Schritt 2 und 3 beschrieben an. Dann setzen Sie erneut Ihr „Komm-her-Signal" an.

10 Mit einiger Übung kommt das Fohlen – ohne Druck, wie bei dem Fohlen im Bild –zu Ihnen her, sobald Sie sich vor es stellen. Gelingt dies, versuchen Sie das Ganze aus dem Trab. Lassen Sie es im Trab auf dem Zirkel gehen. Signalisieren Sie ihm dann, zu Ihnen herzukommen, indem Sie sich vor das Fohlen stellen und leichten Druck mit dem Führstrick ausüben, wenn nötig so lange, bis es Ihre Signale auch in der schnelleren Gangart versteht.

9

10

Lektion 10: Auf Kommando herkommen

Diese Übung vereinfacht das Einfangen und verschafft Ihnen Respekt

Müssen Sie Ihrem Fohlen auf der Weide oder im Paddock jedes Mal hinterherlaufen, wenn Sie es fangen wollen?

Wenn ja, haben Sie sich noch keinen Respekt verschafft und noch nicht die vollständige Kontrolle übernommen. Dieses „Fang-mich-wenn-du-kannst-Spielchen" lässt sich wie folgt umprogrammieren, sodass Ihr Fohlen auf Kommando zu Ihnen herkommt:

Sie kombinieren ganz einfach die Signale, die Sie Ihrem Fohlen in Lektion 2 „Zuwenden und anschauen" bis Lektion 9 „Die Westen-Osten-Süden-Norden-Lektion" (Seite 15–59) beigebracht haben. Das heißt, Sie lassen es auf dem Zirkel gehen, anhalten und sich Ihnen zuwenden. Gelingt Ihnen dies, lassen Sie es häufiger anhalten, sich zu Ihnen drehen und schließlich zu Ihnen herkommen. Mit der nötigen Wiederholung kommt das Fohlen dann auf Kommando.

Polieren Sie die Longierkünste auf, die das Fohlen in der vorigen Lektion gelernt hat. Führen Sie sie für diese Übung aber ohne Strick oder Longe aus, nur mit Hilfe der in Lektion 2 beschriebenen Techniken.

Erst wenn Ihr Fohlen zuverlässig auf Ihre Signale zum Vorwärtsgehen, Anhalten, Anschauen und Richtungwechseln reagiert, sind Sie bereit für diese Lektion.

Sie brauchen:

* ein gut sitzendes Halfter
* einen weichen Führstrick aus Baumwolle
* ein Lasso

1 Führen Sie das Fohlen in den Round Pen, schließen Sie das Tor und nehmen Sie ihm das Halfter ab. Schicken Sie es im Schritt linker Hand auf einen Zirkel, indem Sie auf seine innere (linke) Hüfte zugehen, wie Sie es zuvor gelernt haben. (Kehren Sie für einen Zirkel rechter Hand die Signale um.) Gehen Sie auf einem kleineren Zirkel etwas hinter ihm innen mit, wenn es im Kreis geht. Auf diese Weise können Sie es sofort wieder vortreiben, sollte es anhalten.

Falls es antrabt – wie das Fohlen im Bild –, sagen Sie freundlich „Laaangsam!" oder „Scheeeritt!", damit es wieder langsamer wird. Wirkt dies nicht, gehen Sie energisch vorwärts auf seine Nase zu, um es abzubremsen. Stellen Sie sich nicht direkt vor das Fohlen, weil es sonst vielleicht stoppt oder umzudrehen versucht.

Bleibt es stehen, setzen Sie das Vorwärts-Hüftsignal ein, damit es sich wieder in Bewegung setzt. Versucht es umzudrehen, stellen Sie sich ihm vor die Nase, um es daran zu hindern. Dann gehen Sie auf seine linke Hüfte zu, um es wieder linker Hand auf den Zirkel zu schicken.

Wenn Sie alle Lektionen bis hierhin erfolgreich ausgeführt haben, müsste Ihrem Fohlen das Manöver vertraut sein. Wenn nicht, wiederholen Sie die vorigen Lektionen, bis es nichts mehr dabei findet.

2 Geht das Fohlen regelmäßig auf dem Zirkel, lassen Sie es nach innen abwenden, bis es mit der Front zu Ihnen steht, stoppen es und sorgen dafür, dass es seine Aufmerksamkeit auf Sie richtet. Sie können nicht erwarten, dass das Fohlen auf Kommando herkommt, wenn es Sie vorher gar nicht beachtet.

Damit es Ihnen Aufmerksamkeit schenkt, setzen Sie eine Kombination der Signale ein, mit denen Sie es dazu gebracht haben, sich Ihnen zuzuwenden (Lektion 2, Seite 15) und an der Longe die Richtung zu wechseln (Lektion 9, Seite 52).

Wenn Ihr Fohlen im Kreis geht, treten Sie ihm ca. sechs oder sieben Meter vor seiner Nase in den Weg. Sie wirken damit als Barriere, die es dazu bringt, die Richtung zu wechseln. Es sollte schon anfangen abzuwenden, bevor Sie die Umzäunung erreicht haben (wie das Fohlen im Bild), womit Sie in der richtigen Position sind, um ihm das Zuwenden zu erleichtern.

Klappt diese Übung nicht, sollten Sie Lektion 2 bis 9 wiederholen, um eine solide Grundlage für die Lektion „Auf Kommando herkommen" zu schaffen. Üben Sie die in Lektion 2 beschriebenen Richtungsänderungen. Klappen diese ohne Probleme, können Sie im nächsten Schritt, die Wendepunkte dazu nutzen, Ihr Fohlen anzuhalten. Dies gelingt Ihnen, wenn Sie Ihren kleinen Schüler im Abstand von drei bis vier Metern wenden lassen.

An dem Wendepunkt signalisieren Sie ihm zu stoppen, indem Sie stehen bleiben und „Whoa!" sagen. Lassen Sie das Fohlen, beide Augen auf Sie gerichtet, ein paar Augenblicke ruhig stehen. Lässt es sich ablenken und schaut weg, schicken Sie ihm ein Küsschen und klopfen notfalls mit dem Lasso gegen Ihr Bein, um die Aufmerksamkeit des Fohlens wieder auf sich zu konzentrieren. Wirkt dies nicht, gehen Sie schräg durch den Round Pen auf seine linke Hüfte zu und schicken es wieder auf den Zirkel. Dann versuchen Sie die Abfolge Zirkel-Abwenden-Aufmerksamkeit-Konzentrieren erneut, bis es stehen bleibt und Sie einige Augenblicke ansieht.

3 Nun gehen Sie langsam auf Ihr Fohlen zu und belohnen es mit Streicheleinheiten und lobenden Worten (kleines Bild). Vielleicht kommt es Ihnen ein paar Schritte entgegen – loben Sie es überschwänglich! Der Rest der Lektion wird einfach sein, weil es sich offenbar wohl fühlt, sich auf Sie konzentriert und die Grundvoraussetzungen für das Herkommen auf Kommando bereits begriffen hat.

Nach dem ausgiebigen Lob wiederholen Sie Schritt 1 bis 3 dieser Lektion, lassen das Fohlen aber häufiger anhalten und abwenden, bis es auf Ihre Signale schnell und zuverlässig reagiert. Dabei werden seine Zirkel vermutlich immer kleiner. Falls es beim ersten Mal mit dem Herkommen nicht geklappt hat, ist das nicht weiter schlimm. Aber nach mehrmaligem Wiederholen und Üben sollte es dann irgendwann anfangen, auf Sie zuzugehen.

Falls nicht, verzweifeln Sie nicht, üben Sie geduldig weiter und denken Sie daran, Ihren Schüler nicht zu überfordern. Vielleicht sind Sie zu schnell vorgegangen, vielleicht war Ihre Körpersprache nicht eindeutig, vielleicht hat Ihr Fohlen einfach nicht verstanden, was Sie von ihm wollen.

Gelingt Schritt 1 bis 3, wiederholen Sie die Abfolge nach rechts, bis es sie auch in dieser Richtung begriffen hat. Denken Sie daran, Ihr Fohlen überschwänglich zu loben, wenn es Sie nach dem Anhalten ansieht und ein paar Schritte auf Sie zugeht. So zeigen Sie ihm, dass es seine Sache gut macht. Falls Ihr Fohlen Sie zwar anschaut, aber nicht auf Sie zukommt, dann werden Sie ihm spätestens im nächsten Schritt beibringen, wie das Herkommen funktioniert.

4 Nun soll Ihr Youngster auf Kommando zu Ihnen kommen. Schicken Sie ihn linker Hand auf den Zirkel und lassen Sie ihn dann abwenden, bis er Ihnen gegenübersteht.

Anstatt auf ihn zuzugehen und ihn zu loben, wie in Schritt 3, fordern Sie ihn jetzt auf herzukommen, indem Sie ihm ein, zwei Küsschen schicken und mit dem Lasso energisch gegen Ihren Schenkel klopfen.

Macht er auch nur einen Schritt auf Sie zu (wie das Fohlen im Bild), bleiben Sie stehen und loben ihn. Danach entfernen Sie sich von Ihrem Fohlen und wiederholen das Ganze noch einmal.

Es kann sein, dass das Fohlen Ihnen folgt oder selbst weggeht, wenn Sie sich von ihm entfernen. Drehen Sie sich in diesem Fall sofort wieder zu ihm um, heben Sie die Hand und sagen Sie ganz energisch „Whoa!".

Beginnen Sie diese Übung von vorne und machen Sie damit so lange weiter, bis Sie es schaffen, mit jedem Mal Ihr Fohlen zu mehr Schritten in Ihre Richtung zu animieren, ...

4

5 ...bis es, beide Augen auf Sie gerichtet, auf Armlänge herankommt. Im Bild sehen Sie, wie die Ohren des Fohlens auf mich gerichtet sind und es mich fest ansieht, während es auf mich zukommt.

Diese Körpersprache zeigt an, dass seine ganze Aufmerksamkeit – und damit sein Respekt – mir gehört.

Wenn Ihr Fohlen erstarrt oder sich ablenken lässt und wegschaut, machen Sie einen Schritt nach rechts und setzen Sie das Vorwärts-Hüftsignal ein, um es auf den Zirkel zu schicken. Dann beginnen Sie wieder von vorne mit Schritt 4 und versuchen das Herkommen noch einmal.

Sobald Sie die Hand ausstrecken und das Fohlen berühren können, loben Sie es ausgiebig und überschwänglich.

Mit wachsender Geschicklichkeit in dieser Übung lassen Sie Ihren Youngster von verschiedenen Punkten und aus unterschiedlichen Entfernungen abwenden und auf sich zukommen, bis es jedes Kommando ohne Zögern ausführt. Klappt es auf der linken Hand im Schlaf, versuchen Sie das Ganze auf der rechten Hand.

Lektion 11: Kontrolle ohne Kontakt

Mit dieser Führübung ohne Kontakt verbessern Sie die Kommunikation und verfeinern die Sensibilität des Fohlens beim Führen

In den letzten drei Lektionen haben Sie eine Basis gelegt für Kommunikation und Reaktion und sich damit die Kontrolle über die Bewegungen des Fohlens verschafft.

In dieser Lektion lernen Sie, wie Sie durch Führen ohne Halfter und Strick eine noch höhere Ebene von Kommunikation und Respekt erreichen können.

Mit Hilfe einer Serie von körpersprachlichen Signalen bringen Sie das Fohlen dazu, an Ihre Seite zu kommen, anzuhalten und rückwärts zu treten – alles ohne Führstrick.

Mit einiger Übung können Sie mit nichts als Körpersprache seine Bewegungen in jede Richtung lenken. Ohne Halfter kann das Fohlen nämlich nicht auf Drucksignale vom Führstrick warten. Es muss sich nach Ihnen richten. Diese vermehrte Aufmerksamkeit hat zur Folge, dass es sich ohne Widerstand und ohne Sie anzurempeln führen lässt.

Bonus: Falls die Zukunft Ihres Fohlens im Turniersport liegt, erhält es mit diesen Übungen eine solide Basis für zukünftige Wettbewerbe, wie z.B. Showmanship- und Halfter-Klassen oder Materialprüfungen.

Sie brauchen:

* ein gut sitzendes Halfter
* einen weichen Führstrick aus Baumwolle
* ein Lasso.

1 Führen Sie das Fohlen in den Round Pen, schließen Sie das Tor und nehmen Sie ihm das Halfter ab. Gehen Sie auf seine innere (linke) Hüfte zu und schicken Sie es damit auf einen Zirkel linksherum. Wenn nötig verstärken Sie die Botschaft noch durch ein Anheben des Lassos. (Für einen Zirkel rechtsherum kehren Sie die Signale um.) Wenn es sich auf dem Zirkel bewegt, gehen Sie auf einem kleineren Kreis innen mit, und zwar, wie im Bild zu sehen, auf der Höhe seiner Hüfte. Bleibt es stehen, schicken Sie es mit dem Hüftsignal wieder vorwärts. Trabt es an, bremsen Sie es mit „Laaangsam!" oder „Scheeeritt!" ab und gehen notfalls auf seine Nase zu, um eine Barriere zu schaffen. Da Sie bis dahin alle Übungen erfolgreich abgeschlossen haben, müsste Ihr Youngster bereitwillig auf Ihre Stimme und die Körpersignale reagieren. Tut er es nicht, wiederholen Sie Lektion 10, um sein Reaktionsvermögen zu steigern.

2 Wenn das Fohlen flüssig im Kreis geht, fordern Sie es auf, sich nach außen zu wenden, bis es mit dem Gesicht zum Zaun steht – etwa 90 Grad. (Anmerkung: Sie tun das Gegenteil dessen, was Sie in der vorigen Lektion taten, damit das Fohlen nach innen abwendete und Sie ansah.) Dieses Manöver ist der erste Schritt dazu, sich auf einen Zirkel nach rechts „führen" zu lassen.

Das Signal zum Abwenden besteht darin, dass Sie schnell auf seine Nase zugehen. Anfangs versucht es vielleicht, nach innen abzuwenden, wie es das Fohlen im Bild vormacht. Zur Korrektur gehen Sie näher an seinen Kopf heran, blockieren die Bewegung nach innen und signalisieren ihm, die Richtung zu wechseln. Wie Sie sehen, kreuzt das Stutfohlen im Bild mit dem linken Vorderbein vor dem rechten, um die Richtung zu wechseln. Genau dies ist der Sinn der Übung. Vielleicht wendet es auch um 180 Grad und geht nach rechts. In diesem Fall stoppen Sie es mit „Whoa!" und gehen dann auf seine Nase zu, damit es die Richtung wechselt.

Steht das Fohlen mit der Nase senkrecht zum Zaun, lassen Sie es sofort nach links antreten und wieder auf den Zirkel gehen. Wiederholen Sie dann Schritt 1 und 2 und steigern Sie die Häufigkeit, mit der das Fohlen abwendet, den Zaun ansieht und wieder antritt, bis jeweils nur ein oder zwei Schritte dazwischen liegen.

3 Gelingt die Sequenz Zirkel-Abwenden-Antreten zuverlässig, lassen Sie es zum Zaun hin abwenden und dann seitwärts gehen, von Ihnen weg. Mit dem Seitwärtsgehen lernt es, Ihrem körperlichen „Druck" zu weichen, Ihren Freiraum zu respektieren und Ihnen nicht zu nahe zu kommen, wenn Sie es führen.

Dazu schicken Sie das Fohlen linksherum auf den Zirkel und geben das Signal zum Abwenden zum Zaun hin. Während es abwendet, stellen Sie sich auf Schulterhöhe daneben, ebenfalls mit Blick auf den Zaun. Nehmen Sie nun die rechte Schulter etwas vor und treten Sie seitwärts, den Körper leicht in seine Richtung geneigt (siehe Bild). Die Reaktion des Fohlens sollte darin bestehen, dass es sich ebenfalls nach rechts neigt oder nach rechts ausweicht. Tut es dies, bleiben Sie stehen und loben es. Bewegt es sich nicht, heben Sie das Lasso, bis es sich in Bewegung setzt. Hilft auch dies nicht, drücken Sie es mit der Schulter

oder mit dem Ellbogen zur Seite, bis es sich von Ihnen wegbewegt. Versucht es umzudrehen und nach rechts wegzugehen, gehen Sie vorsichtig (außerhalb des Schlagbereichs) hinter ihm vorbei auf die rechte Seite, um die Bewegung in diese Richtung abzublocken. Lassen Sie es wieder umdrehen, gehen Sie wieder auf die linke Seite und versuchen Sie es noch einmal.

Wiederholen Sie diese Folge von Abwenden und Seitwärtstreten, bis es mehr und mehr Schritte seitwärts macht und auf Ihr Schultersignal hin sofort von Ihnen weggeht.

4 Als Nächstes soll das Fohlen lernen, Ihnen zu folgen. Aus einem Zirkel linker Hand lassen Sie es nach außen, zur Umzäunung hin, abwenden und seitwärts gehen. Sie stehen links von ihm, gehen rückwärts bis auf Hüfthöhe und fordern es mit einem Küsschen auf, sich nach innen zu drehen und Sie anzuschauen, wie es dies in der vorigen Lektion gelernt hat. Wenn es Sie ansieht, laden Sie es ein, zu Ihnen herzukommen, indem Sie ihm Küsschen schicken und mit dem Lasso gegen Ihr Bein klopfen. Dann wiederholen Sie Schritt 2 bis 4 so lange, bis das Fohlen ohne zu zögern nach außen abwendet, seitwärts geht, sich nach innen dreht und auf Sie zugeht.

5 Im weiteren Verlauf lassen Sie Ihr Fohlen auf einem Zirkel rechtsherum seitwärts treten. Dies ist der erste Schritt dazu, das Fohlen auf gerader Linie zu „führen". Nehmen Sie also die Führposition ein: Ihre innere (rechte) Schulter auf der Höhe der Pferdenase. So kann es die Vorderbeine bewegen, und der Kopf bleibt an Ihrer Schulter – die korrekte Position beim Führen. Lassen Sie es, mit dem Kopf zur Zirkelmitte, seitwärts gehen wie in Schritt 3, nur dass Sie sich ihm diesmal gegenüberstellen. Es sollte auf einem kleinen Kreisbogen seitwärts treten, als ob es sich um die Hinterhand drehen würde.

Mit einiger Übung wird Ihr Fohlen flüssig die Vorderbeine kreuzen, und zwar, wie im Bild zu sehen, mit dem äußeren (linken) Vorderbein vor dem inneren. Sträubt es sich, heben Sie das Lasso. Loben Sie es, sobald es den ersten Schritt zur Seite macht. Dann verlangen Sie mehr Schritte und vergrößern allmählich den Zirkel, ...

6 ... bis das Fohlen mit Ihnen Kopf an Schulter auf einer geraden Linie geht, wie im Bild zu sehen. Freuen Sie sich über die Fortschritte, die Sie gemeinsam mit Ihrem Fohlen gemacht haben. Ihr junger Schüler hat bereits viel gelernt.

Sorgen Sie deshalb dafür, dass er das Gelernte auch verabeiten kann. Trainieren Sie nicht zu viel und zu lange mit ihm, lassen Sie ihm die notwendigen Pausen und lassen Sie Ihr Fohlen in der für ihn notwendigen Zeit, das heißt in seinem individuellen Lerntempo, lernen. Das eine Fohlen versteht schneller, das andere langsamer.

Haben Sie Geduld, wenn Ihr Fohlen zu den langsameren gehört. Mit der Zeit und der notwendigen Übung wird es die Lektionen spielend meistern. Festigen Sie alle Übungen durch konsequentes wiederholen. Wiederholen Sie die Lektion „Kontrolle ohne Kontakt" mit Schritt 1 beginnend. Erst wenn das Fohlen Schritt 1 bis 6 sicher beherrscht, gehen Sie zu Schritt 7 über.

7 In den den Übungen von Lektion 10 „Auf Kommando herkommen“ (Seite 60) haben Sie gelernt, Ihr Fohlen ohne Halfter und Führstrick in verschiedene Richtungen zu lenken, seine Bewegungen zu kontrollieren, es nach rechts und links wenden zu lassen, es zu stoppen und zu Ihnen kommen zu lassen.

Lektion 11 „ Kontrolle ohne Kontakt“ baut darauf auf, und Ihr Fohlen lernt Schritt für Schritt, Ihnen zu folgen – zunächst auf einem Zirkel, dann auf gerader Linie.

Nun geht es weiter mit Schritt 7: Hierfür lassen Sie wie in Schritt 5 das Fohlen auf einem Zirkel seitwärts gehen, diesmal aber nach links.

Wenn es jetzt seitwärts tritt, gehen Sie außerdem nach hinten, an seine Hüfte, um es daran zu gewöhnen, dass Sie ihm damit das Signal zum Vorwärtsgehen mit allen vier Beinen geben. Das brauchen Sie für den nächsten Schritt und für den Fall, dass Sie es mit Führstrick führen.

8 Erhöhen Sie nun den Schwierigkeitsgrad: Das Fohlen soll, neben Ihnen her, linker Hand auf dem Zirkel gehen. Stellen Sie es so hin, dass es zur Zirkelmitte schaut. Sie stehen auf der linken Seite und gehen auf seine linke Hüfte zu – das Hüftsignal zum Vorwärtsgehen.

Setzt es sich in Bewegung, gehen Sie langsam nach vorn und nehmen die Führposition neben der Pferdenase ein. Beugen Sie sich dabei leicht nach vorn, damit es diese Haltung mit einer Vorwärtsbewegung zu verbinden lernt. Bleibt es stehen, klopfen Sie mit dem Lasso an Ihr Bein und beugen sich nachdrücklich vor, bis es wieder weitergeht. Notfalls treiben Sie es mit dem Hüftsignal vorwärts. Lassen Sie die Zirkel allmählich immer kleiner werden.

Wenn es auf dieser Hand zuverlässig im Kreis geht, üben Sie, es aus der korrekten Kopf-an-Schulter-Position heraus nach links, rechts und geradeaus zu führen. Wenn Sie sicher sind, das Fohlen mit Körpersprache in jede Richtung dirigieren zu können, ...

9 ...bringen Sie ihm bei, mehr auf Körpersignale als auf den Druck durch den Führstrick (wie in Lektion 9) anzuhalten und rückwärts zu treten. Stellen Sie das Fohlen mit dem Kopf nach links parallel zum Zaun auf.

Sie stehen sechs bis sieben Meter vor ihm, ca. drei Meter von der Zirkelmitte entfernt. Gehen Sie nun auf seine innere (linke) Schulter zu.

Tritt es rückwärts, bleiben Sie stehen und loben es. Reagiert es nicht, gehen Sie in Richtung seiner inneren (linken) Hüfte und schicken es vorwärts. Beim ersten Schritt gehen Sie sofort zurück an seinen Kopf und halten es mit „Whoa!" wieder an. Dann gehen Sie so bestimmt wie möglich auf die Schulter zu und versuchen, es zu wenigstens einem Schritt nach hinten zu bewegen. Bleiben Sie dann sofort stehen und loben Sie es überschwänglich. Wiederholen Sie die Folge Vorwärtsgehen-Stopp-Rückwärtsgehen so lange, bis sie zuverlässig ausgeführt wird.

10 Zum Abschluss der Übung drehen Sie sich so, dass Sie in dieselbe Richtung schauen wie das Fohlen. Üben Sie das Vorwärts- und Rückwärtsgehen aus dieser Position heraus. Nach einigen Wiederholungen wird das Fohlen lernen vorwärts zu gehen, wenn Sie sich vorbeugen und vorwärts gehen. Es wird lernen, anzuhalten, wenn Sie stehen bleiben, und schließlich wird es lernen rückwärts zu treten, wenn Sie sich vorbeugen und rückwärts gehen.

Lektion 12: Anbindetraining

Mit der Übung „auf Druck nachgeben" lernt Ihr Fohlen, sich anbinden zu lassen

Wenn Sie die Schritte in meinem Praxishandbuch von Anfang an befolgt haben, beherrscht Ihr Fohlen die Grundlagen für diese Lektion: das Anbinden.

Damit das Fohlen sich daran gewöhnt, angebunden stehen zu bleiben, verfeinern Sie seine Reaktion, sich zu entspannen und auf Druck nachzugeben, indem Sie ein Lasso (und später eine Longe) um einen Pfosten schlingen und ihm beibringen, dem ausgeübten Druck nachzugeben – dem gleichen Druck, den es empfindet, wenn es angebunden ist. Nach Beendigung dieser Lektion können Sie Ihren Absetzer überall anbinden, ohne dass er wild um sich schlägt, um sich zu befreien, Halfter und Anbindestricke ruiniert und dabei Sie, sich und andere in Gefahr bringt.

Befolgen Sie diese Tipps und lesen Sie Lektion 1 auf Seite 11 noch einmal, damit das Anbindetraining gefahrlos, erfolgreich und stressfrei verläuft.

* Suchen Sie sich einen ruhigen Ort. Binden Sie das Fohlen an einem ruhigen Platz ohne viel Ablenkung an, damit es sich so wenig wie möglich aufregt.
* Bleiben Sie bei Ihrem Fohlen. Lassen Sie das junge Pferd während der Anbindeübungen niemals unbeaufsichtigt, solange es nicht ganz vertraut damit ist. Es könnte nervös werden, gegen den Strick kämpfen und sich verletzen.

Sie brauchen:

* ein gut sitzendes Halfter
* einen weichen Führstrick aus Baumwolle
* ein Lasso
* einen soliden, sicheren Zaunpfosten (zu Illustrationszwecken benutze ich hier eine Stange meines Round Pen).

1 Führen Sie das Fohlen, ausgerüstet mit Halfter und Führstrick, in die Mitte Ihres Übungsplatzes und schließen Sie das Tor. Befestigen Sie statt des Führstricks ein Lasso oder eine Longe in dem Ring unter dem Kinn, wie Sie es in Lektion 5 (Seite 30) gelernt haben.

Lassen Sie das Fohlen an der Longe im Trab auf seitlichen Druck nachgeben, um ihm die Grundbegriffe der in Lektion 5 und Lektion 9 (Seite 30 und 52) gelernten Einschränkungen seiner Freiheit wieder ins Gedächtnis zu rufen.

Wiederholen Sie das Ganze in einem ruhigen Galopp. Die größere Geschwindigkeit wird das Fohlen erregen. Wenn es dazu kommt, dass es sich widersetzt und gegen den Druck geht, dann wahrscheinlich in der schnelleren Gangart.

Lassen Sie den Absetzer in diesem Fall wieder in Trab fallen, indem Sie ihn mit Druck auf das Lasso abbremsen, und arbeiten Sie sich dann langsam wieder zum Galopp vor. Klappt es auf der linken Hand, üben Sie das Ganze auch auf der rechten Hand, bis Sie hier ebenfalls die gewünschte Reaktion erzielen.

Vorsicht: Im Galopp ermüdet das junge Pferd schnell. Üben sie nicht zu viel!

2 Als Nächstes soll der Youngster auf Druck von hinten nachgeben.

Dadurch wird die Botschaft verstärkt, dass er auf Druck von hinten stehen zu bleiben hat – ein Signal, das Sie verwenden, wenn Sie ihn zu einem Anbindepfosten führen und davor anhalten lassen. (Ich zeige Ihnen diesen Schritt von einem Zirkel rechter Hand aus. Für einen Zirkel auf der linken Hand kehren Sie die Anweisungen einfach um.)

Stellen Sie sich rechts von Ihrem Fohlen auf und schicken Sie es rechtsherum im Trab auf den Zirkel. Bleiben Sie drei bis fünf Meter hinter ihm (außer Reichweite seiner Hinterhufe). Das Seil läuft, wie im Bild zu sehen, an seiner rechten Seite entlang und hinter ihm vorbei.

Vielleicht biegt es anfangs Kopf und Hals leicht in diese Richtung. Das ist in Ordnung, es zeigt, dass es einen Druck erwartet und vorwegnimmt.

Lassen Sie allmählich das Seil immer mehr nach, bis Sie das Ende in der Hand halten. Üben Sie leichten Druck aus und halten Sie das Fohlen mit „Whoa!" an. Schicken Sie ihm dann ein Küsschen oder zwei als Aufforderung, dem Druck nachzugeben und sich Ihnen zuzuwenden.

Kommt die richtige Reaktion, lassen Sie das Seil sofort locker und loben Ihren Schüler. Schicken Sie ihn wieder rechtsherum auf den Zirkel und wiederholen Sie die Übung so lange, bis er zuverlässig auf leichtesten Druck hin reagiert. Dann üben Sie das Ganze im Galopp, bis er auch in dieser Gangart beständig auf Druck nachgibt. Daraufhin schicken Sie ihn in die andere Richtung und üben wieder im Trab und im Galopp.

3 Nun soll das Fohlen sich auf Druck von der entgegengesetzten Seite hin von Ihnen weg biegen. Es ist wichtig, dass es Sie nicht mit Druck in Verbindung bringt. Wenn Sie es anbinden, kommt der Druck für sein Empfinden vom Anbindepfosten.

Drehen Sie das Fohlen so, dass es zur Zirkelmitte schaut. (Ich erkläre diese Übungsfolge von der rechten Seite aus. Kehren Sie die Anweisungen bei Bedarf einfach um.) Stellen Sie sich – in guter Entfernung von den Hinterhufen – neben seine rechte Hüfte und lassen Sie das Seil wie im Bild zu sehen die linke Halsseite entlang und diagonal über den Rücken zur rechten Hüfte laufen. Dann üben Sie ständigen Druck mit dem Seil aus, bis es den Kopf nach links wendet – von Ihnen weg. Geben Sie sofort nach und loben Sie es. Möglicherweise wendet es sich Ihnen anfangs zu, wie es dies gelernt hat. Gehen Sie in diesem Fall direkt hinter das Fohlen (außerhalb seines Schlagbereichs) und verstärken Sie den Druck. Sobald es nachgibt, gehen Sie dazu über, eine Wendung des gesamten Körpers in Richtung Druck zu verlangen. Wenden Sie dasselbe Drucksignal an, geben Sie diesmal aber nicht nach und schicken Sie ihm Küsschen, bis es eine 180-Grad-Wendung vollführt und Sie ansieht. Dann geben Sie sofort nach und loben es ausgiebig. Gehen Sie anschließend auf die linke Seite und üben Sie das Nachgeben in Richtung Druck auch von dieser Seite.

3

4 Jetzt sind Sie bereit, das Fohlen „anzubinden". Führen Sie es zum Anbindepfosten und lassen Sie es senkrecht dazu in etwa fünf Meter Entfernung anhalten. (Das Fohlen im Bild kennt die Übung bereits, deshalb kann ich es näher heranstellen.)

Schlingen Sie das Seil in Widerristhöhe – die ideale Anbindehöhe – um den Pfosten. Wichtig: Wickeln Sie das Seil nicht um den Pfosten herum, schlingen Sie es nur einmal herum.

Anmerkung: Es muss unbedingt ein starker, sicherer Pfosten sein – am besten einzementiert oder tief eingegraben. Das garantiert, dass der Anbindepfosten bei Widerstand des Fohlens nicht umfällt und zu Verletzungen und Negativerfahrungen beim Anbinden führt.

Stellen Sie sich nun neben die rechte Hüfte Ihres Fohlens und lassen Sie das Seil diagonal über seinen Rücken laufen wie in Schritt 3.

Nehmen Sie das Seil vorsichtig an, bis das Fohlen einen Schritt in Richtung Druck macht.

Sträubt es sich gegen den Druck, lassen Sie das Seil sofort los, damit es nicht sich oder Sie verletzen kann.

Vorsicht und Geduld ist bei der Anbindeübung oberstes Gebot und wichtigste Regel. Vermitteln Sie Ihrem Fohlen Sicherheit und Ruhe.

Gehen Sie einen Schritt zurück und arbeiten Sie sich langsam wieder vor. Nehmen Sie das Seil wieder vorsichtig an und warten Sie bis das Fohlen einen Schritt nach vorne Richtung Druck geht.

Sobald es auch nur einen Schritt macht, geben Sie nach und loben es. Wiederholen Sie den Vorgang und versuchen Sie, es zu weiteren Schritten zu veranlassen. Wenn es auf ganz leichten Druck hin zuverlässig vorwärts geht, wechseln Sie die Seite und üben das Ganze von der anderen Seite.

4

5 Als Nächstes soll das Fohlen lernen, sich von Ihnen weg zu bewegen, anzuhalten und sich in Richtung Druck zu biegen und vorwärts zu gehen, um den Druck zu beenden. Mit diesem Manöver wird die Einschränkung simuliert, die es verspürt, wenn es an einem Pfosten angebunden ist. Stellen Sie es senkrecht zum Pfosten auf, ca. zwei bis drei Meter davon entfernt. Sie stehen ihm auf Schulterhöhe gegenüber, gehen auf seine Hüfte zu und schicken ihm Küsschen, damit es seitwärts tritt oder die Hinterhand von Ihnen wegschwingt. Schlingen Sie den Strick um die Pfostenrückseite und halten Sie das zusammengelegte Ende in der linken Hand. In dem Maße, wie sich das Pferd bewegt, lassen Sie den Strick nach, bis Sie das freie Ende in der Hand haben. Beginnen Sie mit dem Signal, das „Auf-Druck-Nachgeben" bedeutet, und veranlassen Sie das Fohlen, den Kopf in Richtung Pfosten zu drehen. Nun werfen Sie ihm in einer einzigen Bewegung den Strick über den Rücken und gehen hinter ihm vorbei auf die andere Seite – wobei Sie darauf achten, sich aus dem Schlagbereich herauszuhalten. Anmerkung: Wenn es das Fohlen nervös macht, den Strick über den Rücken geworfen zu bekommen, führen Sie es noch einmal in den Round Pen und nehmen Sie sich die Zeit, nur dieses Manöver zu üben.

Dann stellen Sie sich gegenüber der rechten Hüfte des Fohlens auf und signalisieren ihm, sich von Ihnen weg zu bewegen, bis der Druck es veranlasst, den Hals zu biegen und einen Schritt in Richtung Pfosten zu machen. Wechseln Sie mehrfach die Seite und verlangen Sie jedes Mal, dass es sich von Ihnen weg bewegt und dem Druck nachgibt, bis es willig auf leichten Druck nachgibt und in Richtung Pfosten geht.

Verkürzen Sie im Verlauf der Übung den Strick immer mehr, sodass das Fohlen näher an den Pfosten herankommt, bis das – lose hängende – Stück zwischen Halfter und Pfosten nur noch ca. 5 cm lang ist. Wiederholen Sie diese Übung mehrfach, an verschiedenen Tagen, bevor Sie versuchen, das Fohlen tatsächlich anzubinden.

6 Können Sie die Seiten wechseln, ohne dass sich das Fohlen darüber aufregt, binden Sie es mit einem Führstrick an den Pfosten. Entfernen Sie zuerst Lasso oder Longe und haken Sie stattdessen einen Führstrick im Halfter ein. Führen Sie das Fohlen zum Pfosten und wickeln Sie den Strick in Augenhöhe des Fohlens um den Anbindepfosten. Wichtig: Wickeln Sie den Strick so um den Pfosten, dass er sich leicht lösen lässt, sollte sich das Fohlen nach hinten werfen. Die Stricklänge zwischen Pfosten und Halfter sollte nicht mehr als ca. 15 cm betragen, damit sich das Fohlen nicht darin verfangen kann. Das Fohlen sollte den Kopf bequem in normaler Haltung tragen können. Klappt dies nicht, lassen Sie den Strick ein wenig länger werden. Lassen Sie das Fohlen ein paar Augenblicke stehen, wickeln Sie den Strick ab und belohnen Sie es. Verlängern Sie die Zeit allmählich auf einige Minuten. Bleibt es ruhig stehen, verkürzen Sie den Strick Zentimeter um Zentimeter, bis er nur noch wenige Zentimeter lang ist. Macht dies dem Fohlen nichts aus, lösen Sie den um den Pfosten gewickelten Strick und binden das Fohlen mit einem Sicherheitsknoten an (kleines Bild). Wenn Sie nicht wissen, wie man einen Sicherheitsknoten macht, der sich im Notfall schnell aufziehen lässt, lassen Sie ihn sich von jemandem zeigen, der sich damit auskennt. Auch hier sollte der Strick anfangs ca. 15 cm lang sein. Lassen Sie das Fohlen nur ein paar Sekunden so angebunden stehen. Allmählich verkürzen Sie den Strick auf ein paar Zentimeter und verlängern die Zeit auf mehrere Minuten.

Lektion 13: Hindernisse überwinden

Mit dieser Übung gewinnt Ihr Fohlen Selbstvertrauen und lernt, kleine Trail-Hindernisse zu überwinden

Ob Sie schlussendlich mit Ihrem jungen Pferd an Wanderritten oder an Trail-Prüfungen teilnehmen wollen – Sie können immer vor der Notwendigkeit stehen, Hindernisse wie Stangen am Boden, Baumstämme, Planen oder Brücken überwinden zu müssen. Bevor Sie von ihm erwarten können, dass es sie unter dem Reiter willig in Angriff nimmt, müssen Sie zuerst sein Selbstvertrauen aufbauen und seine Koordinationsfähigkeit entwickeln, indem Sie es an der Hand darüber führen. Das werden Sie in dieser Lektion lernen. Ich beschränke mich auf drei Hindernisse. Sie können diese Methode aber bei jedem Hindernis anwenden, das Ihrem Fohlen Schwierigkeiten bereitet.

Für den Anfang machen Sie Ihrem Youngster mit dem Vorwärts-Hüftsignal, das Sie schon die ganze Zeit verwendet haben, Mut, an ein paar Stangen am Boden – die am wenigsten bedrohlichen Gegenstände – heranzugehen und schließlich darüberzutreten. Wenn er dies zuverlässig und ohne Zögern tut, gewöhnen Sie ihn ebenso allmählich daran, über eine Spanplatte und eine Plane zu gehen, eine Vorbereitung auf die Brücke. Führt er diese Schritte willig aus, führen Sie ihn mit derselben Technik über eine flache Brücke – das schwierigste der Hindernisse, das außerdem als Grundlage für die nachfolgende Lektion des Verladens in einen Hänger dient.

Sie brauchen:

* ein gut sitzendes Halfter
* einen weichen Führstrick aus Baumwolle
* eine Dressurgerte
* vier bis sechs Kegel oder „Hütchen“
* eine ca. 100 x 250 cm große und ca. 7 cm dicke Spanplatte
* eine Kunststoffplane von beliebiger Größe
* mehrere schwere Steine oder Heuballen
* eine flache Trail-Brücke: (Wenn Sie keine besitzen, leihen oder bauen Sie sich eine. Vielleicht ist in einem Nachbarstall eine vorhanden.)

1 Legen Sie vier bis sechs Stangen im Abstand von 90-100 cm in die Mitte Ihres Arbeitsbereichs. Besitzen Sie nicht genügend Stangen, verwenden Sie abwechselnd Stangen und Kanthölzer, wie im Bild zu sehen. Die Kegel stellen Sie rechts davon auf. Sie dienen als Begrenzung, die das Fohlen auf einer geraden Linie halten soll.

Führen Sie das Fohlen, ausgerüstet mit Halfter und Führstrick, in den Round Pen und schließen Sie das Tor. Wenn das Fohlen in gerader Linie ein paar Meter vor der ersten Stange steht, fordern Sie es mit dem Vorwärts-Hüftsignal zum Vorwärtsgehen auf: Stellen Sie sich auf Schulterhöhe links daneben, mit dem Blick auf das Fohlen, und schlingen Sie ihm den Führstrick um den Hals. Den Strick halten Sie – ein paar Zentimeter unterhalb vom Karabinerhaken – in der linken und die Dressurgerte in der rechten Hand. Sorgen Sie mit leichtem Druck am Führstrick dafür, dass der Kopf auf die Stange gerichtet bleibt, und schicken Sie es vorwärts, indem Sie die Gerte in Richtung Hüfte anheben (siehe Bild). Ziehen Sie nicht am Strick, das könnte eher Widerstand hervorrufen, als es zum Nachgeben zu bringen. Das Fohlen sollte auf das Zeichen sofort reagieren und vorwärts gehen. Tut es dies nicht, tippen Sie es so lange leicht mit der Gerte an der Hüfte an, bis es reagiert. Macht es auch nur einen einzigen Schritt, hören Sie auf, es anzutreiben, und loben es. Dann wiederholen Sie den Vorgang.

Wenn Sie näher an das Hindernis herankommen, bekommt das Fohlen möglicherweise Angst und hält an. Dies ist die Grenze seiner Komfortzone, von hier ab müssen Sie sein Selbstvertrauen erst aufbauen. Erlauben Sie ihm, stehen zu bleiben und das Hindernis so lange zu inspizieren, wie es braucht, um es als ungefährlich einzustufen. Reden Sie ihm beruhigend zu und reiben Sie es sanft ab. (Wahrscheinlich senkt das Fohlen den Kopf, um das Hindernis besser anschauen und beschnuppern zu können, wie das Stutfohlen in Bild 4.) Wenn es den Kopf hebt und einen entspannten Eindruck macht, schicken Sie es vorwärts und gehen seitlich mit. Sträubt es sich, tippen Sie es stärker mit der Gerte an.

Möglicherweise macht das Fohlen einen Schritt zur Seite, damit es den Fuß vor der Stange nicht anheben muss, wie das Fohlen im Bild. Führen Sie es in diesem Fall vom Hindernis fort, arbeiten Sie daran, seine verschiedenen Körperpartien zu lenken, um es gerade zu richten, und konzentrieren Sie es mit der „Westen-Osten-Süden-Norden-Lektion" (Seite 52) auf sich. Dann führen Sie es zurück zum Hindernis und versuchen es erneut.

2 Anfangs stolpert das Fohlen vielleicht über die Stangen. Machen Sie sich keine Sorgen, mit der nötigen Übung wird es lernen, die Füße zu heben, einen regelmäßigen Rhythmus zu entwickeln und zwischen den Stangen jeweils gleich viele Schritte zu machen.

Hat es sämtliche Stangen überwunden, führen Sie es herum und von neuem über die Stangen. Hat es gelernt, ohne zu stolpern in dieser Richtung über die Stangen zu treten, wiederholen Sie die gesamte Übung vom anderen Ende aus.

3 Sobald das Fohlen das Stangen-Hindernis in beiden Richtungen ohne Widerstreben überwindet, bringen Sie ihm bei, über eine Holzplatte zu gehen. Entfernen Sie aber erst die Stangen, um es nicht zu verwirren oder abzulenken. Legen Sie die Spanplatte mitten in den Round Pen und machen Sie ihm mit denselben Vorwärts-Signalen Mut, darauf zuzugehen.

Wenn Sie näher kommen, bleibt das Fohlen wahrscheinlich stehen, um sich den Gegenstand genau anzuschauen. Reiben Sie ihm über das Fell und reden Sie ihm

beruhigend zu. Sobald es einen gelassenen Eindruck macht, schicken Sie es wieder vorwärts und verstärken das Signal wenn nötig mit Küsschen oder Zungenschnalzen. Tippen Sie es außerdem immer wieder leicht an der Hüfte an, bis es schließlich einen Vorderhuf auf die Holzplatte setzt. Loben Sie es! Erschreckt es sich vor dem Geräusch von Huf auf Holz, lassen Sie es vom Hindernis zurücktreten und beginnen von vorn, bis wieder ein Fuß auf der Platte steht und das Geräusch ihm nichts mehr ausmacht. Machen Sie so lange weiter, bis es auch den anderen Vorderhuf und schließlich auch die Hinterhufe auf die Holzplatte setzt.

Steht es mit allen vier Beinen auf der Platte, loben Sie es und lassen es einen Augenblick ausruhen. Dann schicken Sie es mit dem Vorwärts-Signal nach vorn, sodass es über die Spanplatte und von ihr heruntergeht. Versucht es rückwärtszugehen,

4 Überquert das Fohlen die Spanplatte zuverlässig der Länge und der Breite nach, kann es als nächstes lernen, über eine Plastikplane zu gehen. Ersetzen Sie in Ihrem Round Pen die Holzplatte durch eine Kunststoffplane. Sie wird am Rand mit Steinen oder Heuballen beschwert, damit sie nicht flattert oder wegfliegt und das Fohlen erschreckt.

Bringen Sie nun das Fohlen mit der gleichen Schritt-für-Schritt-Technik dazu, über diese Plane zu gehen. Wenn es sie gelassen in jeder Richtung überquert, ...

tippen Sie es etwas stärker an, bis es vorwärts geht. Hat es das Hindernis überwunden, führen Sie es herum und versuchen es erneut, so lange, bis es ohne Zögern über die Platte geht. Dann wiederholen Sie das Ganze von der anderen Seite, und schließlich lassen Sie es aus beiden Richtungen von der Breitseite her darübertreten.

5 … lassen Sie es über eine flache Brücke gehen, falls in Ihrem Stall eine vorhanden ist. Meiden Sie anfangs gewölbte Brücken, sie sind zu schwierig zu bewältigen. Nehmen Sie die Plane weg und legen Sie dafür die Brücke (eventuell mit einigen Helfern) in die Mitte des Round Pens. Geben Sie das geübte Vorwärts-Signal, um das Fohlen an das Hindernis heranzubringen. Lassen Sie es die Brücke in aller Ruhe beschnuppern und ansehen.

Wenn das Fohlen die Brücke untersucht hat, tippen Sie es an der Hüfte an, damit es einen Vorderhuf auf die Brücke setzt. Versucht es zurückzutreten, tippen Sie es verstärkt an, bis es einen Fuß auf die Brücke setzt. Dann hören Sie sofort auf mit allen Signalen und loben es. Geben Sie nun wieder das Vorwärts-Signal, damit es auch den anderen Fuß auf die Brücke setzt wie das Fohlen im Bild. Loben Sie es, wenn es korrekt reagiert.

Lassen Sie es nicht vorwärts über die Brücke gehen, sondern richten Sie es mit dem in Lektion 8 (Seite 47) gelernten Signal rückwärts und beginnen Sie von vorn.

Es von der Brücke rückwärts hinuntertreten zu lassen, dient zwei Zwecken: Erstens bekommt das Fohlen Übung darin, auf die Brücke hinaufzugehen. Es gewinnt Selbstvertrauen, bevor es tatsächlich darübergeht.

Zweitens gewöhnt es sich an das Gefühl, das es beim Verladen in einen Transporter oder Hänger hat, was in der nächsten Lektion geübt wird. Machen Sie damit so lange weiter, bis es beide Vorderfüße ohne Zögern auf die Brücke setzt.

6 Wenn dasFohlen ruhig und sicher beide Forderfüße auf die Brücke setzt und ebenso ruhig wieder rückwärts von der Brücke tritt, können Sie zum nächsten Schritt übergehen.

Jetzt soll Ihr kleiner Schüler auf die Brücke zugehen und sich zunächst – wie mehrmals geübt – mit beiden Vorderfüßen darauf stellen. Diesmal aber treiben Sie das Fohlen weiter vorwärts, bis es ganz auf der Brücke steht. Steht es mit allen vier Beinen auf der Brücke, hören Sie auf zu treiben und loben es.

Wenn es einen Augenblick ruhig auf dem Hindernis stehen bleiben und sich erholen darf, trägt dies zur Entwicklung des Selbstvertrauens bei. Die wichtigste Grundlage für eine harmonische und stressfreie Zusammenarbeit ist Vertrauen.

7 Ist das Fohlen entspannt, schicken Sie es mit dem Hüftsignal vorwärts und über die Brücke und gehen an der Seite mit ihm mit.

8 Meine Brücke ist schmaler als die Spanplatte. Ist dies bei Ihnen ebenso der Fall, kann es passieren, dass das Fohlen mit einem Vorder- oder Hinterfuß daneben tritt, wie im Bild zu sehen. Schimpfen Sie nicht, erschrecken Sie es nicht, damit es keine Angst vor dem Hindernis bekommt. Lassen Sie es stattdessen langsam seitlich heruntertreten, führen Sie es wieder an und versuchen Sie es erneut. Üben Sie diesmal aber Druck am Führstrick aus, um es gerade zu halten. Wenn es zum Beispiel versucht, die Hinterhand nach rechts von der Brücke hinunterzuschwingen, drücken Sie den Führstrick leicht nach rechts, um die Hinterhand nach links zu schieben. Versucht es, mit der Vorhand nach rechts von der Brücke herunterzutreten, drücken Sie den Führstrick nach links, um die Vorhand nach links zu verschieben.

Am Ende der Brücke gerät das Fohlen vielleicht in Versuchung, schneller zu werden oder hinunterzuspringen. Wenn Sie spüren, dass so etwas bevorsteht, üben Sie am Führstrick Druck nach hinten aus und sagen „Laaangsam!" oder „Hoooh!", um es abzubremsen. Führen Sie es vorsichtig hinunter und erneut darauf zu und hinauf. Das machen Sie so lange, bis es die Brücke voller Selbstvertrauen überquert.

Dann wiederholen Sie die gesamte Übung von der anderen Seite, bis es auch in dieser Richtung keine Probleme damit hat, über die Brücke zu laufen.

Lektion 14: Verladen

Mit dieser erprobten Technik schaffen Sie die Grundlage für ein lebenslang problemloses Verladen

Sie haben mit Ihrem Fohlen ein Vertrauensverhältnis entwickelt und gelernt, mit ihm zu kommunizieren. Nun bringen Sie ihm bei, in einen Hänger oder Transporter ein- und wieder auszusteigen.

* Sichern Sie den Hänger ab. Der Hänger sollte an das Zugfahrzeug angekuppelt sein. Damit er nicht wegrollen kann, blockieren Sie die Räder. Parken Sie auf ebenem Boden und ziehen Sie die Bremse an.
* Wenden Sie keine Gewalt an. Treiben Sie das Fohlen nicht in den Hänger hinein und vermeiden Sie jede Form von Einschüchterung. Damit erreichen Sie Ihr Ziel – williges Verladen – niemals.
* Verwenden Sie keine Beruhigungsmittel. Wenn Sie das Fohlen sedieren, erinnert es sich nicht mehr an die Lektion.
* Keine Bestechung durch Futter. Versuchen Sie nicht, das Fohlen mit Leckerlis in den Hänger zu locken. Es wird dadurch nicht nur abgelenkt, sondern erwartet in Zukunft auch jedes Mal eine Belohnung, wenn es den Hänger betritt. Und wenn es trotzdem nicht einsteigt, haben Sie schlechtes Benehmen belohnt.
* Üben Sie sich in Geduld. Damit Sie nicht unter Zeitdruck geraten – was oft mit Frustrationen und Verletzungen endet –, planen Sie für die erste Verlade-Übung mindestens drei Stunden ein.

Sie brauchen:

* ein gut sitzendes Halfter
* einen weichen Führstrick
* eine Dressurgerte
* einen Hänger mit einem soliden, rutschfesten Boden (am besten aus Gummimatten) und ohne scharfe Ecken und Kanten
* ein Zugfahrzeug

1 Stellen Sie den Pferdehänger auf einen umzäunten Platz, damit nichts passieren kann, falls das Fohlen sich losreißt. Dann machen Sie den Hänger fürs Verladen fertig. Bei einem Zweipferde-Hänger mit Flügeltüren öffnen Sie den rechten Flügel und stellen ihn fest. Der linke Flügel bleibt geschlossen, wie oben auf dem Bild zu sehen. So kann ich jederzeit zurücktreten, ohne mit der offenen linken Tür zu kollidieren.

Besitzt Ihr Hänger eine Rampe, verschließen Sie die linke Seite so gut wie möglich, indem Sie zumindest die Stange oder Kette einhängen.

In einem Transporter, in dem die Pferde quer zur Fahrtrichtung stehen, verschließen sie alle Ständer bis auf den letzten – den, in den Ihr Fohlen einsteigen soll.

Wenn Sie alle nötigen Vorbereitungen getroffen haben, verinnerlichen Sie noch einmal alle Hinweise aus Lektion 1 „Für Ihre Sicherheit und den Spaß am Training" (Seite 11). Dann führen Sie das Fohlen, ausgerüstet mit Halfter und Führstrick, auf den Platz, wo der Hänger steht, und schließen das Tor, falls vorhanden. Wickeln Sie ihm das freie Ende des Führstricks, wie im Bild zu sehen, um den Hals, damit es nicht darauftreten kann. Stellen Sie sich auf Schulterhöhe links neben das Fohlen, mit dem Blick zu ihm, und packen Sie den Führstrick ein paar Zentimeter unterhalb des Karabinerhakens mit der linken Hand. Die Gerte halten Sie in der rechten Hand. Mit dem üblichen Vorwärts-Signal schicken Sie das Fohlen im Trab auf einen kleinen Zirkel linksherum. Damit lässt sich nicht nur überschüssige Energie abbauen, das Manöver dient auch dazu, die Aufmerksamkeit des Fohlens auf Sie zu konzentrieren und die Botschaft zu bekräftigen, dass es auf Ihr Signal hin vorwärts zu gehen hat. Wenn es ein paar Mal brav linksherum im Kreis gelaufen ist, lassen Sie es rechtsherum auf dem Zirkel traben.

2 Reagiert das Fohlen bereitwillig auf Ihre Signale, zeigen Sie ihm den Hänger. Stellen Sie es in einer Entfernung von sechs oder sieben Metern von der Rückseite des Hängers auf, mit der Nase genau in Richtung Pferdehänger. Führen Sie es auf den Transporter zu, bis es stehen bleibt oder Anzeichen von Furcht zeigt. Damit ist die Grenze seiner Komfortzone erreicht; von hier ab müssen Sie sein Selbstvertrauen aufbauen.

Mit der in der letzten Lektion gelernten Schritt-für-Schritt-Technik zum Überqueren der Brücke bringen Sie Ihr Fohlen nun dazu, sich dem Hänger zu nähern. Die Hilfen sind genau dieselben wie bei der Brückenübung. Und diese haben Sie mit Ihrem Schüler souverän gemeistert. Gehen Sie die Sache also ruhig und geduldig an.

Stellen Sie sich wieder auf Schulterhöhe links vom Fohlen auf, mit dem Blick auf das Fohlen. Der Führstrick bleibt um den Hals gewickelt, und Sie halten ihn ein paar Zentimeter unterhalb des Karabinerhakens in der linken, die Gerte in der rechten Hand. Schicken Sie das Fohlen vorwärts, indem Sie die Gerte in Richtung Hüfte anheben und dafür sorgen, dass der Kopf weiterhin in Richtung Pferdehänger zeigt (siehe Bild oben).

Sträubt es sich oder versucht rückwärts zu gehen, tippen Sie es etwas energischer mit der Gerte an der Hüfte an. Wirkt auch dies noch nicht, tippen Sie es immer schneller und immer kräftiger mit der Gerte an, bis es sich vorwärts bewegt.

Sobald es auch nur einen einzigen Schritt nach vorne macht, hören Sie mit den Vorwärts-Signalen auf und belohnen es mit beruhigenden Worten, Streicheleinheiten und einem Augenblick der Ruhe.

Diese Übung wiederholen Sie so lange, bis das Fohlen unmittelbar hinter dem rechten Einstieg des Pferdetransporters steht. Gehen Sie erst dann zum nächsten Schritt über, wenn es völlig ruhig steht.

3 Beruhigen Sie Ihr Fohlen und warten Sie ab, bis es sich entspannt und den Einstieg lange genug inspiziert hat, um ihn nicht mehr als bedrohlich zu empfinden. Wenn es, wie das Fohlen im Bild, den Kopf senkt und den Hängerboden beschnuppert, loben Sie es. Es ist ein Zeichen dafür, dass es darüber nachdenkt, ob es einsteigen soll. Lassen Sie ihm die Zeit, die es braucht, um den Hängereinstieg zu begutachten.

Wendet es den Kopf vom Hänger weg (ein Zeichen von Widerstand), bringen Sie seine Nase mit leichtem Druck am Führstrick wieder in die richtige Richtung. Es soll, sich so nah wie möglich dem Transportereinstieg nähern.

Sobald das Fohlen den Kopf hebt und einen zuversichtlichen Eindruck macht, schicken Sie es wieder vorwärts, bis es so nah am Hänger steht, dass es nur noch einen Fuß zu heben und hineinzusetzen braucht.

4 Bringen Sie es nun dazu, mit den Hinterbeinen vorzutreten, was notwendigerweise dazu führt, dass es irgendwann einen Vorderfuß hebt und auf den Hängerboden setzt.

Dazu schicken Sie es wieder vorwärts und tippen es energisch an der Hüfte an, falls es nicht gleich reagiert, bis es das Gewicht auf ein Hinterbein verlagert und das andere entlastet.

In diesem Augenblick hören Sie auf, es anzutippen, und loben es. Dann tippen Sie es erneut an und verstärken das Signal wenn nötig mit Küsschen oder Zungenschnalzen, bis es mit dem freien Hinterbein vortritt. Hören Sie dann sofort auf mit dem Antippen und versichern Sie ihm, dass es korrekt reagiert hat.

Tippen Sie Ihr Fohlen auf diese Weise so lange an, bis es beide Hinterbeine unter dem Bauch zusammengezogen hat. Das ist eine unbequeme Stellung, weil der größte Teil des Gewichts von den Muskeln der

Hinterhand getragen werden muss. Zur Entlastung wird das Fohlen einen Teil des Gewichts auf die Vorhand verlagern wollen – im Idealfall dadurch, dass es einen Vorderfuß in den Hänger setzt.

Falls Ihr Youngster Ausweichmanöver versucht – zum Beispiel rückwärts tritt –, tippen Sie ihn zur Korrektur energisch an und schicken ihn vorwärts.

Setzt der Absetzer einen Fuß in den Hänger, stellen Sie alle Signale ein und loben ihn ausgiebig. Es macht nichts, wenn er mit dem Fuß auf dem Boden scharrt – das ist eine gute Vorbereitung auf das Geräusch von Hufschlägen auf den Bodenbrettern des Pferdetransporters (wie schon die Übungen mit der Spanplatte und der Brücke in der vorigen Lektion). Hat sich das junge Pferd schon früh mit diesem Geräusch vertraut gemacht, wird es sich später nicht davor erschrecken, wenn es im Hänger transportiert wird. Auf jeden Fall sollten Sie Ihr Fohlen noch vor der ersten Fahrt mit dem Hänger auch an Geräusche, wie Fenster bzw. Türen öffnen, schließen der Rampe etc. gewöhnen.

Es kann sein, dass das Fohlen den Vorderfuß wieder anhebt, wenn es ihn erstmals in den Hänger gesetzt hat, und rückwärts zu gehen versucht. Auf diese Bewegung müssen Sie gefasst sein, damit Sie ihm rechtzeitig, bevor es sich von selbst rückwärtsbewegt, das Signal zum Rückwärtstreten geben können und es wieder aussteigen lassen.

Damit bekommt das Fohlen ein Gefühl für das Aussteigen und weiß, dass es nicht eingesperrt ist.

Wiederholen Sie diese Abfolge – einen Fuß hineinsetzen, wieder aussteigen – mehrmals und versuchen Sie mit leichtem Druck am Führstrick die Zeit, in der der Fuß auf dem Hängerboden ruht, jedes Mal ein wenig zu verlängern. Wenn Sie erreicht haben, dass es einen Fuß in den Hänger setzt und ihn eine Minute dort lässt, ...

5 ... fordern Sie es auf, beide Vorderfüße in den Hänger zu setzen. Wiederholen Sie hierfür Schritt 4, und wenn das Fohlen einen Fuß in den Hänger gesetzt hat, tippen Sie es weiter an, bis es auch den anderen Fuß hebt und hineinsetzt.

Es kann zu Beginn ein Weilchen dauern, bis sich das Fohlen überwindet, beide Füße in den Pferdehänger zu setzen. Üben Sie notfalls Schritt 4 noch einige male, bis sich das Fohlen wirklich sicher fühlt.

Sie wollen das Vertrauen Ihres jungen Pferdes weiter aufbauen, und deshalb sollten Sie sich für die Verladeübung auch die nötige Zeit nehmen. Vermeiden Sie es unter Zeitdruck zu geraten, denn das führt meist zu hektischem Vorgehen und Druck. Die Folge kann Widerwillen beim Fohlen sein und im schlimmsten Fall kann es sich verletzen. Ein entspanntes und williges Verladen erreichen Sie so niemals.

Wenn Ihr Fohlen nun partout nicht den zweiten Vorderfuß in den Pferdehänger setzen möchte, und Sie bereits sehr viel Zeit für Schritt 1 bis 4 gebraucht haben, dann teilen Sie die Lektion „Verladen“ lieber in einzelne Etappen ein. Wenn Sie nicht mehr genügend Zeit haben, Schritt 5 erfolgreich zu beenden, dann gehen Sie zu Schritt 4 zurück und beenden das Verladetraining für heute mit dem Erfolgserlebnis, dass Ihr Fohlen willig und ruhig einen Vorderfuß in den Hänger stellt und dort für eine Minute stehen lässt.

Haben Sie jetzt noch ausreichend Zeit, dann machen Sie weiter wie beschrieben. Sobald das Fohlen wie im Bild mit beiden Vorderbeinen im Hänger steht, geben Sie ihm das Signal zum Rückwärtstreten und lassen es wieder aussteigen.

Diesen Vorgang wiederholen Sie einige Male und lassen es jedes Mal ein wenig länger mit den Vorderbeinen im Hänger stehen. Lässt es beide Vorderbeine ohne Anzeichen von Furcht eine Minute lang im Hänger stehen, ...

6 … fordern Sie es auf, beide Vorderfüße und ein Hinterbein in den Hänger zu setzen. Im Bild sehen Sie, wie ich das linke Hinterbein des Fohlens antippe, damit es den Hinterfuß anhebt und in den Hänger setzt.

Sobald das Fohlen mit drei Beinen im Hänger steht, stellen Sie die Vorwärts-Signale ein und geben ihm das Kommando, wieder auszusteigen. Dieser Schritt wird ebenfalls mehrmals wiederholt, wobei die Zeit innerhalb des Hängers allmählich von einigen Sekunden bis auf eine Minute verlängert wird. So lange soll das Fohlen ganz entspannt und voller Selbstvertrauen stehen bleiben.

7 Nun soll das Fohlen ganz in den Hänger einsteigen. Legen Sie ihm das freie Ende des Führstricks so über den Rücken, dass Sie es ergreifen können, wenn das Fohlen im Hänger steht. Fordern Sie es zunächst wieder auf, mit drei Beinen einzusteigen, und tippen Sie es dann weiter an, bis es auch das vierte Bein in den Hänger setzt. Loben Sie Ihren Schüler, wenn er korrekt reagiert. Dann üben Sie mit dem Ende des Führstricks Druck nach hinten aus und lassen das Fohlen wieder aussteigen. (Gehen Sie nie zusammen mit dem Fohlen in den Hänger hinein, es könnte gefährlich werden.) Lassen Sie es immer wieder ein- und aussteigen und versuchen Sie die Zeit im Hänger immer weiter auszudehnen.

Bleibt das Fohlen mehrere Minuten ruhig im Hänger stehen, gewöhnen Sie es an die mit dem Hänger verbundenen Geräusche. Öffnen und schließen Sie die Fensterklappen, klappern Sie mit den Seitentüren und lassen Sie die Stange oder Kette am hinteren Ende des Hängerabteils hin und her schwingen, bis ihm diese alltäglichen Geräusche nichts mehr ausmachen. Hängen Sie dann die hintere Stange oder Kette ein und lassen Sie das Fohlen ein paar Augen-

7

blicke so stehen, bis es sich daran gewöhnt hat. Als Nächstes schließen und öffnen Sie die Tür oder Klappe und lassen sie schließlich einige Minuten geschlossen, bis das Fohlen ganz vertraut damit ist.

Dann lassen Sie das Fohlen wieder aussteigen und wiederholen die Übung mit dem linken Hängerabteil. Wenn man nur ein einziges Pferd transportiert, liegt der Hänger ruhiger auf der Straße, wenn das Pferd auf der linken Seite steht.

Wenn Sie all diese Übungen erfolgreich beendet haben, ist es Zeit, mit dem Fohlen eine kleine Rundfahrt zu machen. Suchen Sie sich gute, ebene Straßen aus und fahren Sie so sanft und gleichmäßig wie möglich, ob Sie anfahren, bremsen oder in die Kurve gehen, damit das Fohlen nicht das Gleichgewicht verliert und Angst bekommt. Haken Sie den Führstrick aus und binden Sie es auf keinen Fall an, damit es den Hals zum Balancieren frei hat und sich nicht eingeengt fühlt. Fahren Sie anfangs nur ein paar Meter, um das Fohlen an die Bewegung des Hängers zu gewöhnen. Dann halten Sie an, laden es aus und loben es. Mit der nötigen Übung können Sie es schließlich immer längere Strecken transportieren.

Wenn Sie merken, dass es sich beim Fahren im Hänger herumbewegt, brauchen Sie sich keine Sorgen zu machen. Die Bewegung sollte ihm helfen, sich schneller zu entspannen. Wenn es sich aber weiter aufregt – zu merken an der unablässigen Bewegung während der Fahrt –, halten Sie sofort an und warten, bis es sich beruhigt hat. Dann fahren Sie ganz langsam weiter. Üben Sie noch einmal das Ein- und Aussteigen, bis es wieder ganz ruhig im Hänger steht. Fahren Sie immer nur kurze Strecken um Ihren Stall herum, bis es ganz gelassen bleibt. Weitere Entfernungen sollten Sie erst in Angriff nehmen, wenn das Fohlen sich vollständig an die Hängerbewegungen gewöhnt hat.

Teil 2
Das Training des Jährlings

Lektion 15: Hufe geben

Hier lernt der Jährling ohne Furcht und Kampf, jeden einzelnen Huf auf Kommando anzuheben

In dieser Lektion lernt das Fohlen, die Hufe anzuheben und sie von Ihnen halten zu lassen – sehr wichtig für das Hufeauskratzen und die Arbeit des Schmieds. (Anmerkung: Die Lektionen in diesem Teil demonstriere ich an dem Quarter Horse-Jährling Star Potential, auch Alex genannt.)

Schrittweise fordern Sie das Pferd auf, dem Druck zu weichen, sein Gewicht auf das gegenüberliegende Bein zu verlagern und den von Ihnen gewünschten Fuß anzuwinkeln.

Hat es das Konzept so weit verstanden, sacken Sie es mit der Hand aus und rufen ihm damit das Gefühl wieder in Erinnerung, wenn es wie in Lektion 3 (Seite 21) am Bein und am Huf berührt wird. Macht ihm dies nichts mehr aus, bringen Sie ihm bei, auf Ihr Signal hin den Huf anzuheben, sodass Sie ihn leicht – und gefahrlos – packen und halten können. Mit den nötigen Wiederholungen lernt es, das Gewicht auf das gegenüberliegende Bein zu verlagern, den Huf anzuheben und ihn Ihnen ohne jedes Theater zu geben.

Lesen Sie, bevor Sie mit der Übung beginnen, noch einmal Lektion 1 auf Seite 11 durch, damit Sie diese Lektion so gefahrlos und erfolgreich wie möglich durchführen können.

Sie brauchen:
* ein gut sitzendes Halfter
* einen weichen Führstrick aus Baumwolle
* eine Dressurgerte (wenn Sie mögen)
* einen Helfer (falls notwendig)

1 Mittlerweile sollte Ihr Youngster auf dem Weg zu einem soliden, zuverlässigen Partner sein. Er hat inzwischen sein erstes Lebensjahr vollendet oder steht kur z davor. Idealerweise sollten die Fähigkeiten, die er als Fohlen gelernt hat, in seinem Jährlingsjahr verfeinert werden, anstatt ihn „wegzustellen", bis er angeritten werden soll. Sonst könnten die Übungen, die Sie so fleißig mit ihm erarbeitet haben, wieder einrosten.

Die noch fehlenden sechs Bodenlektionen sind sowohl für Absetzer wie für Jährlinge hervorragend geeignet.

1

Führen Sie das junge Pferd, ausgerüstet mit Halfter und Führstrick, in Ihren Trainingsbereich und schließen Sie das Tor. Wickeln Sie ihm das lose Ende des Stricks um den Hals, damit es aus dem Weg ist. (Anmerkung: Ich fange mit Alex' linkem Hinterfuß an, weil die meisten Pferde daran gewöhnt sind, den Menschen auf der linken Seite zu haben, und weil ich bei dieser Lektion lieber von hinten nach vorn vorgehe – warum, werden Sie in Schritt 2 sehen.) Wenn es mir willig den linken Huf gibt, übe ich mit dem rechten weiter und gehe dann zu den Vorderhufen über. Wenn Sie lieber mit den Vorderhufen anfangen möchten, stellen Sie meine Anweisungen um: Fangen Sie mit dem linken Vorderhuf an, wie in Schritt 7-10 angegeben. Dann arbeiten Sie am rechten Vorderhuf und nehmen sich anschließend die Hinterhufe vor – Schritt 1-6. Stellen Sie sich mit dem Gesicht zum Pferdekörper links neben seiner Schulter auf. Den Führstrick halten Sie, ein paar Zentimeter unterhalb des Karabinerhakens, in der linken Hand. Lassen Sie das Pferd mit dem Vorwärts-Hüftsignal auf einem kleinen Zirkel um sich herumgehen. Diese einfache Übung hilft ihm, sich zu entspannen und Ihnen seine Aufmerksamkeit zuzuwenden. Wenn es einige Male im Kreis gegangen ist, einen ruhigen Eindruck macht und auf Ihre Signale reagiert, ...

2 … halten Sie es an. Dies veranlasst das junge Pferd dazu, das Gewicht auf das rechte Hinterbein zu verlagern und – wie Alex im Bild – das andere Hinterbein anzuwinkeln.

In dieser Stellung können Sie den Huf leicht aufheben (und müssen sich nicht erst dagegenlehnen, damit es sein Gewicht verlagert, oder es in die Sehnen auf der Hinterseite kneifen).

Bleibt Ihr Jährling nicht gleich stehen, üben Sie gleichzeitig gleichmäßigen Druck mit dem Führstrick aus und sagen Sie „Whoa!", bis der Jährling stoppt. (Sollte Ihr Pferd nicht sofort anhalten, üben Sie noch einmal das Weichen auf Druck, wie in Lektion 9 auf Seite 52 beschrieben.)

Wenn Sie Pech haben und der Jährling beim Anhalten beide Hinterbeine gleichmäßig belastet oder das Gewicht sogar auf den linken Hinterfuß verlagert (der dann natürlich auch eisern am Boden verankert ist), bringen Sie ihm ein Signal bei, dass ihn dazu bringt, mit der Hüfte ein oder zwei Schritte auszuweichen und so das Gewicht in diese Richtung zu verlagern.

Üben Sie am besten zuvor alle Schritte der Lektion 9 „Die Westen-Osten-Süden-Norden-Lektion" auf Seite 52 noch einmal in aller Ruhe und Ausführlichkeit. Denn erst, wenn Sie Ihr Pferd in alle Richtungen dirigieren können, haben Sie auch die Kontrolle über seine Hinterhand. Und damit machen Sie es sich beiden leichter.

2

3 Um Ihr Jungpferd mit der Hüfte ein bis zwei Schritte weichen zu lassen, verwenden Sie folgende Zeichenfolge: Nehmen Sie den Führstrick an und gehen Sie gleichzeitig einen Schritt vorwärts in Richtung linke Hüfte. Zur Verstärkung tippen Sie die Hüfte mit der Gerte oder der Hand an, wie ich es auf dem Bild unten gerade gemacht habe. Halten Sie den Führstrick leicht unter Spannung, damit das Pferd nicht vorwärts geht.

Im selben Augenblick, in dem der Jährling sein Gewicht verlagert (das heißt, das linke Hinterbein anhebt und den Huf auf die Spitze stellt), stellen Sie Ihre Signale ein und loben es – selbst wenn es den Huf nur eine Sekunde anwinkelt.

Verlangen Sie diese Gewichtsverlagerung so lange, bis Ihr junger Schüler jedes Mal, wenn Sie ihm das Signal geben, die Hüfte nach rechts zu verschieben, automatisch den linken Fuß anwinkelt.

Er sollte jedes Mal ein wenig länger angewinkelt bleiben. Möglicherweise müssen Sie es einige Male versuchen, bis Sie die gewünschte Reaktion erzielen, lassen Sie sich also nicht entmutigen.

Wenn Sie anfangen, Frustrationsgefühle zu entwickeln, hören Sie für diesmal auf oder lassen Sie das junge Pferd eine Übung ausführen, die ihm leicht fällt, sodass Sie die Übungseinheit mit einem positiven Gefühl beenden können. Versuchen Sie es dann später noch einmal.

4 Winkelt der Jährling regelmäßig auf Kommando den Fuß an, sacken Sie ihn gleichzeitig mit der Hand aus (siehe Lektion 3, Seite 21). Das erinnert ihn daran, wie es sich anfühlt, wenn Sie ihn anfassen, sodass er nicht erschrickt, wenn Sie den Huf in die Hand nehmen.

Wenn er beim Aussacken den linken Hinterhuf wieder abstellt, schicken Sie ihn auf einen kleinen Zirkel.

Wiederholen die Sequenz Anhalten und dann Gewicht verlagern, bis er den linken Hinterfuß anhebt und angewinkelt stehen lässt.

Wenn Sie nach dem Hinterbein Ihres Pferdes greifen, stellen Sie sich an die Rumpfmitte, beugen sich nach vorn und halten den Kopf zur Seite – nicht vor das Hinterbein –, um nicht geschlagen zu werden.

Üben Sie einfach so lange, bis Ihr junges Pferd versteht, was Sie von Ihm wollen. Mehrmaliges Wiederholen auch der vorbereitenden Lektionen führt Sie schließlich zum Erfolg. Hier wird deutlich, dass alle in diesem Buch vorgestellten Lektionen aufeinander aufbauen. Deshalb sollte Ihr Pferd die vorherigen Übungen beherrschen, bevor Sie im Training weiter vorangehen.

4

5 Reiben Sie vorsichtig das Bein hinunter. Wenn Sie am Fesselgelenk angekommen sind, drücken Sie mit der linken Hand sanft auf die Rückseite, damit es als Antwort auf die Berührung den Fuß beugt und anhebt.

Reiben Sie dann sacht weiter bis zum Huf. Hebt Ihr Jährling den Fuß an, umgreifen Sie vorsichtig den rückwärtigen Fesselkopf und halten den Huf eine Sekunde ein paar Zentimeter in der Luft.

Falls Ihr Schüler seinen Hinterfuß jetzt nicht hochhebt, macht auch nichts. In diesem Fall ...

6 ... umgreifen Sie vorsichtig mit der linken Hand den rückwärtigen Fesselkopf und heben den Fuß, wie im Bild zu sehen, ein paar Zentimeter vom Boden ab. Halten Sie ihn eine Sekunde fest, setzen Sie ihn sacht wieder ab und loben Sie Ihr Pferd. (Lassen Sie den Fuß nicht plötzlich fallen; es könnte dem Pferd unangenehm sein oder es erschrecken, sodass es Widerstand leistet.) Wenn Sie befürchten, dass es den Fuß gleich wegzieht (zu merken daran, dass es sich verspannt und das Bein bewegt), lassen Sie möglichst selbst los, bevor es den Fuß wegzieht, und fangen Sie von vorn an. So vermeiden Sie die gefährliche Angewohnheit, dass es Ihnen den Fuß aus der Hand reißt. Wiederholen Sie den Vorgang mehrfach und halten Sie den Fuß jedes Mal ein wenig länger und ein wenig höher. Bald wird es als Reaktion auf Ihre Berührung ohne Zögern den Fuß anheben, und Sie können ihn einige Sekunden in verschiedenen Höhen festhalten. Nach dieser Demonstration des Gehorsams gehen Sie auf die andere Seite und wiederholen das Ganze am rechten Hinterfuß.

7 Wenn der Jährling sich an den Hinterfüßen anfassen lässt, gewöhnen Sie ihn auf ähnliche Weise daran, die Vorderhufe aufzuheben. Fangen Sie mit dem linken Vorderhuf an.

Sie stehen an seiner Schulter, das Gesicht dem Pferd zugewandt. Aus dieser Position heraus können Sie die Vorhand leicht manövrieren, damit es das Gewicht auf das rechte Vorderbein verlagert. Außerdem sind Sie außerhalb seines Schlagbereichs, wenn Sie sich bücken, um den Fuß aufzuheben.

Tut es dies nicht, machen Sie so lange weiter, bis es klappt.

Sobald Ihr Jährling sein Gewicht verlagert – und noch bevor er mit dem linken Vorderbein überkreuz zur Seite tritt –, stellen Sie Ihre Signale ein und loben ihn.

Es liegt nicht in der Natur des Pferdes, den Vorderfuß abzuwinkeln, warten Sie deshalb nicht darauf. Es hebt ihn aber vielleicht an – genau die erwünschte Reaktion.

Diesen Druck nach rechts wiederholen Sie jedes Mal, wenn das junge Pferd beide Vorderbeine gleichmäßig belastet

7

8

Halten Sie den Strick in der linken Hand, ein paar Zentimeter unterhalb des Karabinerhakens, drücken Sie den Karabiner nach rechts und stupsen Sie mit dem Finger der rechten Hand die Schulter an.

Als Antwort sollte das Pferd zur Seite gehen, wie Alex es gerade andeutet.

oder das Gewicht auf das linke Vorderbein verlagert. Sie erkennen dies an der Anspannung seines Körpers.

Nach kurzer Zeit müsste Ihr Jährling das Gewicht auf das rechte Vorderbein verlagert haben und zur Seite treten, wenn Sie es an der Schulter anstupsen. Daraufhin ...

8 ... sacken Sie die Vorhand aus, wie in Lektion 3 „Aussacken“ (Seite 21) beschrieben. Sobald Ihr Jungpferd das Gewicht gleichmäßig auf beide Vorderbeine oder nur auf das linke Vorderbein verlagert, lassen Sie es zur Seite treten, bis auf dem linken Vorderbein wenig bis gar kein Gewicht mehr ruht. Wiederholen Sie dies so lange, bis Ihr Youngster verstanden hat, dass er sein Gewicht auf das rechte Bein verlagern soll. Dann reiben Sie mit der Hand das Vorderbein hinunter bis zur Rückseite des Vorderfußwurzelgelenks und ...

10 Wiederholen Sie die Übung mehrmals und halten Sie den Fuß jedes Mal ein wenig länger und ein wenig höher fest. Wenn Ihr Jährling auf leichten Druck an der Schulter das Gewicht willig auf die andere Seite verlagert, den Fuß auf Kommando hochhebt und Sie ihn mehrere Sekunden lang in beliebiger Höhe festhalten können, haben Sie schon sehr viel erreicht und die Lektion fast erfolgreich abgeschlossen. Loben Sie Ihren Schüler bevor Sie zum letzten Schritt übergehen. Nun bereiten Sie Ihr Pferd auf das Hufeauskratzen und das Beschlagen vor, indem Sie mit dem Finger den Strahl ausfahren und mit der Faust oder einem Stein auf den Huf klopfen. Dann wiederholen Sie die Übung am rechten Vorderfuß. Mit Geduld und Übung erreichen Sie, dass Ihr Pferd jederzeit ohne Schwierigkeiten die Hufe hergibt.

9 ... drücken Sie mit der linken Hand sanft dagegen, damit es den Fuß abwinkelt und anhebt. Umgreifen Sie das Röhrbein etwas oberhalb vom Fesselgelenk und halten Sie den Fuß eine Sekunde ein paar Zentimeter in der Luft. Dann setzen Sie ihn vorsichtig wieder am Boden ab.

Lektion 16: Den Kopf senken

Wenn der Jährling lernt, auf Kommando den Kopf zu senken und das Maul zu öffnen, wird das Auftrensen zum Kinderspiel

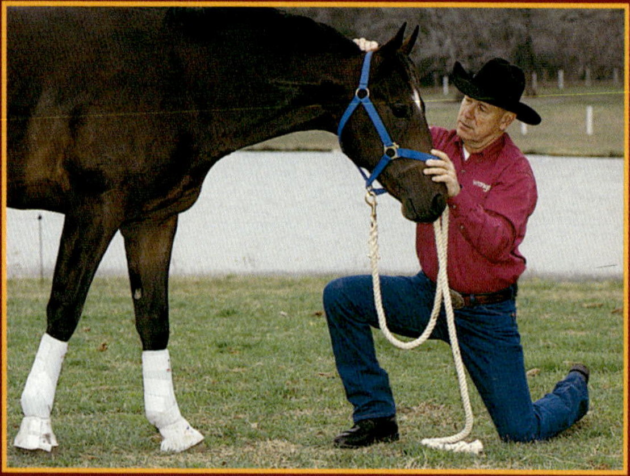

In den nächsten beiden Lektionen lernen Sie mit einem pferdefreundlichen Baustein-System, Ihr junges Pferd dazu zu bringen, Trense und Gebiss ohne Kampf anzunehmen. Nachdem Sie ihm in dieser Lektion die Grundlagen beigebracht haben, wird die nächste Lektion, das Auftrensen, stressfrei über die Bühne gehen. Zusätzliches Plus: Ihr Pferd wird auch bei Dingen wie Wurmpaste verabreichen oder Zähne nachschauen keinerlei Schwierigkeiten machen. Bonus: Wenn das Pferd einmal auf den Strick oder die Zügel tritt, wird es dem Druck nachgeben, anstatt zu kämpfen, was Ihnen so manche Reparatur erspart.

Für den Anfang soll das junge Pferd lernen, auf Druck im Genick den Kopf zu senken. Erreicht wird dies in vier Stufen: Zuerst kommt der Druck von Halfter und Führstrick, dann von Ihrer Handfläche. Als Nächstes stellen Sie sich auf den Führstrick, und dann hängen Sie ihm den Strick über den Hals und üben Druck aus, indem Sie ihn auf beiden Seiten kräftig nach unten ziehen. Dadurch gewöhnt es sich daran, sich am Kopf anfassen zu lassen, sodass es ihm nichts mehr ausmacht, wenn Sie ihm ein Gebiss ins Maul schieben und es auftrensen.

Sie brauchen:

* einen Round Pen (oder einen ähnlichen Bereich) von 15–20 m Durchmesser, ohne Stolperfallen und mit gutem Boden. (Anmerkung: Ein Lehm- oder Sandboden ist für diese Übung besser geeignet als Gras wie im Bild. Auf einer Grasnarbe senkt das Pferd den Kopf eher für einen Happen Grünzeug, als dass es auf Ihr Kommando reagiert.)
* ein gut sitzendes Halfter
* einen weichen Führstrick aus Baumwolle

1

1 Halftern Sie Ihren Jährling auf und haken Sie den Führstrick in den Ring unterhalb seines Kinns ein. Führen Sie ihn in den Round Pen und schließen Sie das Tor. Um ihm beizubringen, auf Druck im Genick den Kopf zu senken, setzen Sie zunächst die Methode ein, die er am leichtesten versteht: Sie üben leichten Druck mit dem Führstrick aus.

Stellen Sie sich auf die linke Seite, mit Blick aufs Pferdemaul. Das aufgerollte Ende des Stricks halten Sie in der linken Hand, ergreifen den Strick knapp unterhalb vom Haken mit der rechten und üben leichten Druck nach unten aus. Sobald es – wenn auch nur minimal – den Kopf senkt, hören Sie sofort auf und belohnen die Reaktion mit Lob und Streicheleinheiten. Denken Sie daran, mit dem Druck im selben Augenblick aufzuhören, in dem das Pferd auf Ihr Signal reagiert. Anschließend loben Sie es und reiben ihm die Halsseite. Lassen

1b

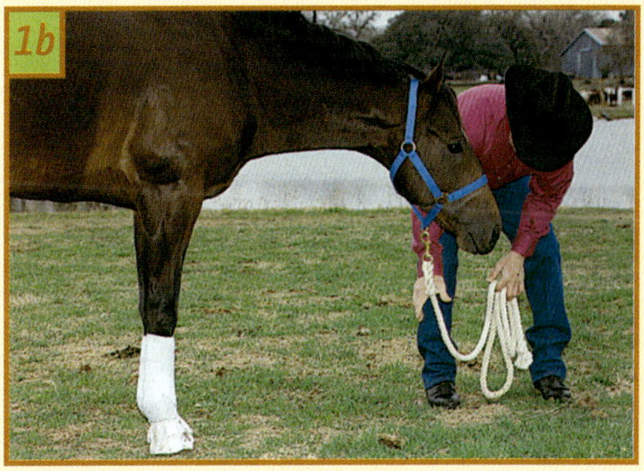

Sie zu spät los, versteht es dies nicht mehr als Belohnung, was den Lernprozess verlangsamt und zu Widerstand führen kann. Geht das Pferd gegen den Druck und hebt den Kopf, rucken Sie nicht am Strick und erhöhen Sie den Druck nicht. Sie würden sonst nur noch mehr Widerstand herausfordern, und das darauf folgende Tauziehen können Sie nicht gewinnen. Üben Sie stattdessen weiterhin denselben gleichmäßigen Druck aus. Nachgeben dürfen Sie nicht, weil Sie damit seinen Widerstand belohnen würden. Schließlich wird es irgendwann den Kopf senken, um dem Druck zu entgehen, und dann stellen Sie den Druck sofort ein und loben das Pferd.

Wiederholen Sie die Übung einige Male und lassen es den Kopf jedes Mal etwas tiefer nehmen, bis es mit der Nase den Boden berührt. Es soll den Kopf außerdem möglichst lange auf der jeweiligen Ebene belassen, damit es sich nicht angewöhnt, ihn hochzureißen, wenn Sie die Trense abnehmen. Der Schlüssel dazu ist, dass Sie rechtzeitig merken, wenn es dabei ist, den Kopf hochzunehmen. Wenn Sie das Gefühl haben, dass es gleich so weit ist, üben Sie am Strick leichten Druck nach unten aus, was so viel bedeutet wie: Bleib unten. Jedes Mal, wenn es den Kopf noch ein wenig tiefer fallen lässt und ihn dort behält, loben Sie es und gönnen ihm einen Augenblick der Erholung. Alex bleibt mit dem Kopf unten, obwohl ich keinen Druck mehr ausübe. Dadurch zeigt er mir, dass er sich auf meine Signale konzentriert. Wenn Sie diese Reaktion bei Ihrem Youngster erzielen und er den Kopf einige Augenblicke tief gesenkt hält, erlauben Sie ihm, ihn wieder zu heben und sich auszuruhen. Das Signal dazu besteht in Druck nach oben am Führstrick, oder Sie lassen ihn einen Schritt nach vorn machen.

2 Nun üben Sie mit der Handfläche Druck auf das Genick aus. (Mit dem gleichen Signal fordern Sie es in der nächsten Lektion auf, zum Auftrensen den Kopf zu senken.) Aus der Position von Schritt 1 heraus legen Sie ihm die rechte Hand zwischen die Ohren. Drücken Sie das Genick sanft nach unten und lassen Sie sofort los, sobald das Pferd die gewünschte Reaktion zeigt und den Kopf senkt (s. Bild).

Wenn es sich steif macht oder den Kopf etwas anhebt, drücken Sie so lange weiter, bis es korrekt reagiert. Nimmt es den Kopf so hoch, dass Sie das Genick mit der Hand nicht mehr erreichen, ist es noch nicht reif für dieses Manöver. Gehen Sie zurück zu Schritt 1.

Wiederholen Sie diese Folge von Druck und Nachgeben einige Male und lassen Sie es den Kopf jedes Mal ein wenig tiefer und länger senken, bis es mit der Nase den Boden berührt. Versucht es, den Kopf wieder zu heben, drücken Sie mit der Handfläche nach unten und bedeuten ihm, unten zu bleiben. Mit einiger Übung wird es auf ganz leichten Druck hin die Nase bis zum Boden senken und diese Position einige Augenblicke beibehalten.

2

3

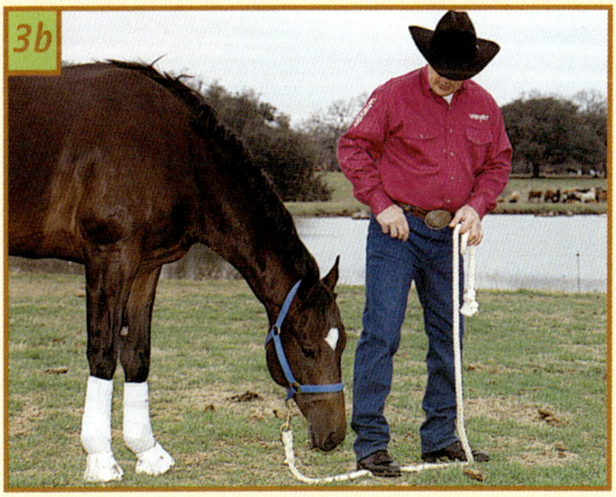

3b

3 Als Steigerung dieser Lektion in Druck und Nachgeben soll das junge Pferd lernen, dem Druck von Halfter und Führstrick nachzugeben, wenn Sie auf dem Führstrick stehen. Damit simulieren Sie die Situation, in der sich das Pferd befindet, wenn es selbst auf den Strick oder die Zügel tritt.

Bleiben Sie stehen wie zuvor, aber mit dem Blick nach vorn. Lassen Sie den Strick durchhängen und setzen Sie den rechten Fuß darauf, wie im Bild gezeigt. Nun verlagern Sie Ihr Gewicht größtenteils auf diesen rechten Fuß, aber so, dass der Strick noch darunter durchgleiten kann. Dann ziehen Sie den Strick so weit an, dass ein leichter Kontakt entsteht. Wenn Sie die beiden vorhergehenden Schritte erfolgreich beendet haben, müsste das Pferd als Antwort auf dieses Manöver willig den Kopf senken – und ihn unten lassen, bis Sie ihm ein anderes Signal geben. Für seine Willigkeit bekommt es den Hals gerieben und wird ausgiebig gelobt.

Senkt das junge Pferd den Kopf nicht sofort, behalten Sie den gleichmäßigen Druck bei, bis es nachgibt. Hebt es den Kopf etwas an, lassen Sie den Strick so weit durchgleiten, bis es wieder leichten Druck verspürt. Dann machen Sie weiter wie oben beschrieben. Nimmt es den Kopf so hoch, dass Sie ihn nicht mehr erreichen können, wiederholen Sie den letzten Schritt, bis es bereit ist für den nächsten.

Üben Sie dieses Manöver mehrmals und nehmen Sie den Strick jedes Mal etwas kürzer, sodass das Pferd den Kopf tiefer senken muss, bis es mit der Nase fast den Boden berührt – wie Alex hier im Bild. Je mehr Sie üben, desto leichter wird seine Reaktion.

4 Sie sind jetzt bereit für das anspruchsvollste Signal zum Kopfsenken: Hängen Sie ihm den Strick kurz hinter den Ohren über den Hals und üben Sie Druck aufs Genick aus, indem Sie den Strick auf beiden Seiten nach unten ziehen.

Sie stehen wie in Schritt 1 und 2 neben dem Pferdekopf und legen den Strick knapp hinter den Ohren über den Hals. Nun gehen Sie nach vorn und stellen sich etwas seitlich vor die Pferdenase, damit Sie nicht Gefahr laufen, einen Nasenstüber abzubekommen, sollte es plötzlich den Kopf hochreißen. Ergreifen Sie den Strick mit beiden Händen und ziehen Sie ihn auf beiden Seiten gleichmäßig nach unten, mit der gleichen Druckstärke. Lässt es den Kopf fallen, geben Sie nach und machen ihm klar, dass es korrekt reagiert hat. Wiederholen Sie dieses Manöver ebenso stufenweise wie zuvor, das heißt, lassen Sie das Pferd den Kopf jedes Mal etwas tiefer senken und länger unten halten, bis die Nase fast den Boden berührt und es einige Sekunden so stehen bleibt.

Sträubt es sich, halten Sie wie zuvor einen gleichmäßigen Druck aufrecht, bis es den Kopf fallen lässt. Nimmt es den Kopf zu hoch, gehen Sie zurück zur vorigen Übung und arbeiten sich langsam wieder auf diesen Stand vor.

5 Senkt Ihr Jährling zuverlässig den Kopf, wenn Sie mit dem Führstrick leichten Druck im Genick ausüben, bereiten Sie ihn auf das Auftrensen vor, indem Sie seinen Kopf umarmen.

Sie stehen wieder links vom Pferd und hängen den Führstrick entweder über den Pferdehals oder über Ihren Arm, damit er nicht im Weg ist. Dann heben Sie den rechten Arm und legen ihm die Hand, Handfläche nach unten, zwischen die Ohren. Zur Ermutigung reiben Sie ihm freundlich die Stirn und erzählen ihm, was für ein feines Pferd es ist. Lässt es sich dies entspannt gefallen, schieben Sie ihm den linken Arm, unterhalb vom rechten Auge, über die Nase und legen die linke Hand auf seine rechte Kinnbacke. Drücken Sie es leicht, wie eine liebevolle Umarmung, sprechen Sie ihm beruhigend zu und ziehen Sie den Kopf allmählich näher zu sich heran. Auf diese Weise fällt es dem jungen Pferd leichter, die Halsmuskeln zu entspannen und den Kopf zu senken. Außerdem ist dies die Haltung, die es einnehmen soll, wenn Sie es auftrensen wollen. Entlassen Sie das Pferd aus Ihrer „Umarmung", wenn Sie das

5

Gefühl haben, dass es den Kopf gleich wegziehen wird (zu spüren daran, dass es sich steif macht und anfängt zu zappeln). Es darf Ihr Loslassen nicht mit seinem Widerstand in Zusammenhang bringen, deshalb müssen Sie loslassen, bevor es den Kopf wegzieht.

Zieht das Pferd ständig den Kopf weg oder versucht sich zu entziehen, üben Sie noch einmal Lektion 3 (Seite 21) unter besonderer Berücksichtigung seines Kopfs. Lässt es sich am Kopf ruhig aussacken, machen Sie weiter mit diesem Schritt.

Nehmen Sie den Kopf mehrfach in die Arme und versuchen Sie, jede Umarmung ein wenig länger auszudehnen, bis das junge Pferd einige Augenblicke widerstandslos still hält.

6 Als Vorbereitung auf das Gebiss muss das junge Pferd nun lernen, sich am Maul anfassen zu lassen. Sie stehen wie üblich auf der linken Seite – den Führstrick gut untergebracht – und reiben ihm mit den Händen über Nase und Maul. Lässt es sich dies gefallen, schieben Sie die Oberlippe hoch und reiben ihm das Zahnfleisch im Oberkiefer (siehe Bild). Nimmt es den Kopf hoch, geben Sie ihm das Signal zum Kopfsenken, indem Sie ihm die Hand zwischen die Ohren legen, den Kopf zart umarmen und wieder an sich ziehen. Dann fangen Sie wieder von vorn an. (Genau genommen sollte Alex den Kopf hier etwas tiefer halten.)

6

7 Lässt das Pferd sich Ihre Hand am Zahnfleisch ruhig gefallen, bringen Sie ihm bei, das Maul zu öffnen, wie es zum Einlegen des Gebisses nötig ist. Zuerst legen Sie ihm die Hand zwischen die Ohren, damit es den Kopf senkt. Dann bringen Sie den Kopf mit folgender Sequenz näher zu sich heran: Greifen Sie mit dem rechten Arm unter dem Kopf durch, legen Sie ihm die Hand auf die Nase und ziehen Sie den Kopf zu sich her. (Aus fotografischen Gründen konnte ich das mit Alex hier nicht demonstrieren.) Ist der Kopf in der richtigen Position, lassen Sie es das Maul öffnen, indem Sie ihm den linken Zeigefinger in die linke Maulspalte stecken, über den Laden (dem zahnlosen Stück Kiefer zwischen Vorder- und Backenzähnen), und vorsichtig auf die Zunge drücken. Wenn es das Maul öffnet, lassen Sie sofort los und loben das Pferd.

Weigert sich der Youngster, das Maul zu öffnen, schieben Sie noch einen zweiten Finger in die Maulspalte und drücken auf die Zungenmitte. Macht er endlich das Maul auf, ziehen Sie die Finger zurück und loben ihn. Dieser Vorgang wird so lange wiederholt, bis er augenblicklich das Maul öffnet, sobald es einen Finger auf der Zunge spürt. Dann belohnen Sie ihn mit Reiben und lobenden Worten, weil er seine Sache gut gemacht hat. Seine Willigkeit in dieser Phase macht das Auftrensen in der nächsten Lektion zum Kinderspiel.

Lektion 17: Gewöhnung an Trense und Gebiss

Mit dieser sanften Methode wird das Auftrensen nie zum Kampf werden

In der vorigen Lektion hat das junge Pferd gelernt, auf Kommando den Kopf zu senken und das Maul zu öffnen, wenn es einen Finger auf der Zunge spürt. Mit denselben Signalen bringen Sie ihm nun bei, Zaumzeug und Trensengebiss zu akzeptieren.

Mit meiner sanften Lernmethode wird sich Ihr Youngster ohne Kampf und ohne Sträuben das Gebiss ins Maul und die Trense anlegen lassen. Dadurch, dass Sie ihn jetzt an Zaumzeug und Gebiss gewöhnen, vermeiden Sie später so ärgerliche – und potenziell gefährliche – Verhaltensmuster wie Kopf hochreißen oder Zähne zusammenbeißen.

Für den Anfang gewöhnen Sie das junge Pferd an das Gefühl, ein Gebiss ins Maul geschoben zu bekommen. Als Erstes machen Sie sich aus dem Führstrick einen „Übungszaum". Dann üben Sie, ihm das „Strick-Gebiss" zwischen die Zähne zu schieben. Wenn es dieses „Gebiss" ruhig annimmt, sacken Sie es mit dem richtigen Trensenzaum aus, bis es ihn ohne Widerstand am Kopf und an den Ohren duldet. Als Nächstes soll das Pferd auf das entsprechende Signal den Kopf senken und Ihnen zuwenden, in der korrekten Position zum Auftrensen. Dann schieben Sie ihm das Gebiss ins Maul und ziehen die Trense hoch und über die Ohren. Zum Abschluss lassen Sie das Pferd noch einmal die vier Übungen aus Lektion 16 ausführen, damit es sich an das Gefühl gewöhnt, eine Trense zu tragen.

Sie brauchen:

* einen weichen Führstrick aus Baumwolle
* einen Trensenzaum mit Stirnband (lässt sich leichter über die Ohren ziehen als ein Ein-oder Zwei-Ohr-Zaum)
* 3–4 m lange weiche Strickzügel
* eine Wassertrense

1 Führen Sie Ihr junges Pferd, ausgerüstet mit Halfter und Führstrick, in den Trainingsbereich und schließen Sie das Tor. Zur Vorbereitung auf das Gebiss schieben Sie ihm den Führstrick zwischen die Zähne. (Dieser ist weicher und weniger beängstigend als ein Metallgebiss.) Gleichzeitig können Sie damit üben, das Gebiss richtig zu halten und es dem Pferd ins Maul zu schieben, ohne ihm wehzutun.

Stellen Sie sich in Kopfhöhe des Pferdes auf die linke Seite, mit dem Blick zum Pferd. Legen Sie den Führstrick zu einer Art vereinfachter „Übungstrense" zusammen, wie im Bild zu sehen. Das geht folgendermaßen: Packen Sie den Führstrick mit der linken Hand in der Mitte und heben Sie ihn zur Stirn des Pferdes hoch. Die Enden hängen zwischen den Augen herunter. Nun greifen Sie mit der rechten Hand zwischen den Ohren durch und packen den Strick so, dass er relativ straff am Pferdekopf anliegt. Halten Sie ihn weiter mit der rechten Hand fest und machen Sie mit der linken Hand aus dem freien Ende eine Schlinge, die etwas länger ist als der Pferdekopf (siehe Bild). Ergreifen Sie das obere Ende der Schlinge mit der rechten Hand – fertig ist das „Gebiss". (Ich lege den Strick bei einem jungen Pferd absichtlich nicht hinter die Ohren, damit es sich nicht gefangen vorkommt und nervös wird.) Dann regulieren Sie die Schlinge durch Verkürzen oder Verlängern des Stricks, bis sie so lang ist wie der Zaum – oder etwas länger.

Wenn Sie Ihre „Übungstrense" fertig haben, schieben Sie dem Pferd den „Gebissteil" vorsichtig ins Maul. Zuerst lassen Sie es die Position zum Auftrensen einnehmen, die es im letzten Monat gelernt hat.

Drücken Sie mit der flachen rechten Hand leicht auf das Genick, damit es den Kopf senkt. Sobald sich seine Ohren auf der Höhe Ihrer Schultern – oder noch tiefer – befinden, legen Sie ihm den linken Arm unterhalb der Augen um die Nase und die linke Hand auf die rechte Kinnbacke. Ziehen Sie den Kopf in Richtung Oberkörper zu sich heran.

Als Nächstes legen Sie sich den „Gebissteil" der Schlinge auf der linken Handfläche zurecht und heben ihn, wie in der Abbildung zu sehen, langsam in Richtung Pferdemaul. (Wie Sie sich das Gebiss am besten zurechtlegen, erfahren Sie in Schritt 4.) Schieben Sie mit dem linken Zeigefinger die Oberlippe etwas zurück, damit Sie sehen können, wenn es das Maul öffnet. Den linken Daumen stecken Sie auf der Höhe der Laden in die Maulspalte, und wenn Sie Ihre Hausaufgaben gemacht haben, sollte das Pferd das Maul öffnen, sobald es den Druck des Daumens fühlt. Tut es dies nicht, ist es noch nicht bereit für ein Gebiss im Maul. Gehen Sie zurück zur vorigen Lektion.

2 Sobald das Pferd das Maul öffnet, ziehen Sie den Strick mit der rechten Hand langsam nach oben, zwischen die Zähne, bis er, wie im Bild zu sehen, in den Maulwinkeln anliegt. Achten Sie darauf, dass der Strick nicht gegen die Zähne schlägt. Dies ist eine gute Übung: Würde dem Pferd ein Metallgebiss gegen die Zähne schlagen, täte dies weh, und es würde schnell lernen, diesen Schmerz zu erwarten – und zu vermeiden versuchen, indem es den Kopf hochwirft oder die Zähne zusammenbeißt, wenn Sie es auftrensen wollen.

Hebt der Youngster den Kopf, folgen Sie mit der rechten Hand nach oben, damit das Gebiss nicht aus dem Maul fällt. Geben Sie ihm mit leichtem Druck der Handfläche auf das Genick das Zeichen, den Kopf zu senken. Vielleicht müssen Sie auch den Kopf wieder zu sich heranziehen, um es in die richtige Position zurückzubringen.

Halten Sie das Strickgebiss ein paar Sekunden im Maul fest und loben Sie das Pferd ausgiebig. Dann kehren Sie Schritt 1 und oben um und nehmen den Strick vorsichtig wieder aus dem Maul. Wenn Sie alles richtig machen, dürfte der Strick nicht an den Zähnen hängen bleiben, sondern müsste glatt herausgleiten.

Hat das Pferd das „Gebiss" losgelassen, belohnen Sie es und wiederholen die Übung einige Male oder bis es das Strickgebiss ruhig akzeptiert und wieder loslässt.

2

3

3 Nun sind Sie bereit für die erste Phase des Auftrensens: Der Kopf des Pferdes wird mit der Arbeitstrense ausgesackt. Dadurch gewöhnt es sich an das Gefühl des Zaumzeugs. (Wie man ein Pferd am Kopf aussackt, wird in Lektion 3, Seite 21 erklärt. Sie brauchen nur das Halfter durch die Trense zu ersetzen.)

Bevor Sie anfangen, befestigen Sie Gebiss und Zügel am Zaum. Lässt sich der Youngster ohne Zeichen von Furcht am ganzen Kopf mit dem Zaum abreiben, gewöhnen Sie ihn an das Gefühl des Genickstücks hinter den Ohren.

Schieben Sie ihm das Genickstück vorsichtig mit der rechten Hand über das rechte Ohr und halten Sie es dort einen Augenblick fest, wie im Bild oben zu sehen. Nehmen Sie die Trense dann wieder herunter und loben Sie ihn. Wiederholen Sie die Übung an demselben Ohr, bis ihm das herunterhängende Leder nichts mehr ausmacht. Manche Pferde reagieren sehr empfindlich im Bereich der Ohren und im Genick. Deshalb ist es wichtig, dass Sie ganz behutsam vorgehen und Ihr Pferd vorsichtig an das Zaumzeug gewöhnen.

Üben Sie das Gleiche auch am anderen Ohr und ziehen ihm schließlich das Genickstück über beide Ohren.

Zeigt das Pferd Anzeichen von Unsicherheit, gehen Sie einen Schritt zurück und reiben beziehungsweise streicheln es an einer Stelle, die ihm nicht unangenehm ist. Dann versuchen Sie es von neuem. Hebt es den Kopf, drücken Sie mit der Handfläche auf sein Genick, damit es ihn wieder senkt. Wenn es das Zaumzeug am ganzen Kopf duldet und es ihm nichts ausmacht, wenn es von einem Ohr herunterhängt, ...

4

4b

4 ... machen Sie sich bereit zum Auftrensen. Bevor Sie loslegen, halten Sie die Trense neben den Kopf des Youngsters und verschnallen sie so, dass sie sich leicht anlegen lässt.

Lassen Sie sie im Zweifelsfall lieber zu lose, das macht dem jungen Pferd auf jeden Fall weniger aus, als wenn Sie eine zu eng verpasste Trense hochzuziehen versuchen.

Greifen Sie zwischen den Pferdeohren durch nach dem Genickstück der Trense. Das Gebiss halten Sie etwas unterhalb vom Pferdemaul in der linken Hand und achten darauf, dass es nicht gegen die Zähne schlägt. Am besten legt man sich das Gebiss folgendermaßen zurecht (siehe kleines Bild): Der Daumen liegt innen am linken Knebel oder Trensenring, oberhalb vom Mundstück. Der Zeigefinger liegt unterhalb vom Gelenk, Mittel-, Ring- und kleiner Finger liegen auf dem Mundstück, innerhalb des rechten Knebels oder Trensenrings.

Ich verwende für den Anfang gern eine Knebeltrense. Für das Training ist diese ausgezeichnet geeignet, in den meisten Western-Prüfungen aber nicht zugelassen, sodass Sie vielleicht lieber eine D- oder O-Trense oder eine Olivenkopftrense für Ihr Pferd verwenden.

5

5 Nun heben Sie das Gebiss hoch in Richtung Pferdemaul und stecken den Zeigefinger unter die Oberlippe und den Daumen in die linke Maulspalte, zwischen die Laden (siehe Bild oben).

Wenn Ihr junges Pferd die letzten Schritte der Lektion 16 „Den Kopf senken“ und den ersten Teil dieser Lektion voll und ganz verstanden hat, öffnet es nun willig das Maul. Tut es dies nicht, gehen Sie zurück zum Anfang dieser Lektion und beginnen in aller Ruhe und Ausführlichkeit mit Schritt 1 und 2 von vorn.

6

6 Nimmt das Pferd die Zähne auseinander, ziehen Sie das Zaumzeug mit der rechten Hand hoch und leiten gleichzeitig mit der linken das Gebiss zwischen die Zähne, wie im Bild zu sehen. Sobald es das Gebiss fühlt, hebt es vielleicht den Kopf oder wendet sich, wie Alex hier, von Ihnen ab. Folgen Sie in diesem Fall der Aufwärtsbewegung mit dem rechten Arm, damit das Gebiss nicht herausfallen oder gegen die Zähne schlagen kann. Üben Sie mit dem rechten Unterarm Druck aufs Genick aus, damit es den Kopf wieder senkt. Dann ziehen Sie den Kopf in die richtige Position zurück und machen weiter.

7 Akzeptiert das Pferd das Gebiss, ziehen Sie das Genickstück vorsichtig über die Ohren, zuerst über das rechte, dann über das linke: Mit der rechten Hand am Genickstück halten Sie weiterhin das Gebiss im Maul fest, mit der linken drücken Sie das rechte Ohr sanft nach vorn und ziehen mit der rechten Hand das Genickstück darüber. Dann machen Sie das Gleiche mit dem linken Ohr, wie im Bild zu sehen.

8 Haben Sie das Genickstück über beide Ohren gezogen, verschnallen Sie die Backenstücke auf beiden Seiten so, dass das Gebiss ohne allzu viel Druck in den Maulwinkeln anliegt. Mehr als eine Falte darf nicht entstehen. Schließen Sie den Kehlriemen, falls vorhanden. Lassen Sie das Pferd ein paar Minuten ruhig stehen und auf dem Gebiss kauen, damit es sich an das Gefühl und den Geschmack gewöhnt.

9 Zur weiteren Gewöhnung an die Trense und an den Zügeldruck wiederholen Sie alle vier Übungen zum Kopfsenken aus Lektion 16 (Seite 102).

Zur Beendigung der Übung kehren Sie Schritt 4-8 um und nehmen die Trense wieder ab. Gehen Sie nicht zu schnell vor, damit das Gebiss dem jungen Pferd nicht gegen die Zähne schlägt. Schieben Sie erst langsam und vorsichtig das Genickstück über ein Ohr nach dem anderen, halten Sie den Zaum aber fest, bis das Pferd das Maul öffnet. Dann lassen Sie ihn langsam sinken, bis das Gebiss aus dem Maul herausgleitet. Belohnen Sie Ihren Youngster für seine positive Einstellung zu dieser Übung.

Lektion 18: Biegen vom Boden aus

In sieben Schritten verbessern Sie die Biegsamkeit Ihres Jungpferdes und seine Sensibilität auf Zügeldruck

Sie haben Ihrem jungen Pferd Fähigkeiten beigebracht, die nicht nur sein Selbstvertrauen stärken, sondern es auch auf die Arbeit unter dem Sattel vorbereiten. In dieser Lektion bauen Sie Ihre Vorbereitungskurse weiter aus. Das junge Pferd soll nun lernen, Unterkiefer, Genick, Hals und Schultern locker zu lassen und auf direkten Druck vom Boden aus nachzugeben, d.h. sich zu biegen.

Sie werden feststellen, dass sich im Laufe dieser Geschmeidigkeitsübungen Biegsamkeit und Sensibilität Ihres Pferdes verbessern. Außerdem lernt es die Grundlage des Nachgebens auf direkten Zügeldruck sowie Seitwärtsbewegungen.

Als Erstes veranlassen Sie Ihr Pferd dazu, den Unterkiefer locker zu lassen und auf einen leichten (direkten) Druck des inneren Zügels die Nase ein wenig in Ihre Richtung zu drehen. Im nächsten Schritt biegt es den Hals und schaut Sie an, sobald Sie den inneren Zügel anheben. Nach demselben Prinzip lernt es, die Biegung beizubehalten, während es neben Ihnen auf dem Zirkel und später an der Longe geht. Beherrscht es diese Übungen, arbeiten Sie daran, seine Schultern vermittels zweier Seitwärtsbewegungen unter Kontrolle zu bekommen.

Sie brauchen:

* einen Round Pen (oder Ähnliches) von 15–20 m Durchmesser, ohne Stolperfallen und mit gutem Bodenbelag (Anmerkung: Lehm- oder Sandboden ist für diese Übungen besser geeignet als Gras, das u. U. zu verlockend wäre für das junge Pferd.)
* eine korrekt verschnallte Trense (siehe Lektion 17, Schritt 8, Seite 115)
* ein weiches Trensengebiss
* 3–4 m lange weiche Strickzügel aus Baumwolle
* eine Dressurgerte

1 Trensen Sie Ihr Pferd auf, führen Sie es in den Round Pen und schließen Sie das Tor. Das Nachgeben auf Zügeldruck bringen Sie ihm bei, indem Sie das Pferd zuerst eine „Baby-Biegung" ausführen lassen, sobald Sie den inneren Zügel annehmen. Unter „Baby-Biegung" verstehe ich einen weichen Unterkiefer und eine leicht einwärts gedrehte Nase. (Anmerkung: Ich erkläre die Baby-Biegung nach rechts. Für eine nach links kehren Sie die Signale einfach um.)

Sie stehen auf Schulterhöhe, in einem Winkel von ca. 45 Grad zum Pferdekörper und mit dem Blick etwas nach vorn.

Legen Sie dem Pferd die Zügel über den Hals, kurz vor dem Widerrist, und zwar so, dass sie auf beiden Seiten gleich lang herunterhängen.

Nehmen Sie den rechten Zügel an und geben Sie damit das Signal für eine Baby-Biegung. Mit der linken Hand ergreifen Sie die Zügel in der Mitte und halten sie etwas vor dem Widerrist fest. Mit der rechten Hand nehmen Sie den rechten Zügel etwas hoch und nach hinten (siehe Bild), sodass ein leichter Kontakt zum Maulwinkel entsteht. Halten Sie weiter einen ständigen Druck aufrecht, bis es den Unterkiefer locker lässt und die Nase ein wenig in Ihre Richtung dreht. Den Erfolg werden Sie daran spüren, dass der Zügel weniger unter Spannung steht. Daraufhin stellen Sie den Zügeldruck sofort ein. Loben Sie den Youngster für die korrekte Reaktion und reiben Sie ihm über den Hals.

Womöglich versucht das Pferd, dem Druck anfangs dadurch auszuweichen,

2

dass es den Kopf schüttelt oder in die andere Richtung dreht. Beide Reaktionen sind für ein junges Pferd normal. Es ist Ihre Aufgabe, in aller Ruhe weiter Kontakt zum Pferdemaul zu halten, bis das Pferd merkt, dass der Druck nachlässt, wenn es ihm nachgibt. Vielleicht setzt es sich auch in Bewegung – dies ist ebenfalls okay. Gehen Sie mit und halten Sie den Druck aufrecht, bis es nachgibt.

Diese Übung des Annehmens und Nachgebens wird einige Male wiederholt, wobei nicht mehr als zwei Sekunden Pause dazwischen liegen sollten.

Ziel ist, dass das Pferd Ihnen jedes Mal auf den Zügeldruck hin regelmäßig und unverzüglich die Nase zuwendet. Dann kehren Sie die Anweisungen um und üben die Baby-Biegung nach links.

2 Gelingt die Baby-Biegung nach beiden Seiten, ist das Pferd bereit für eine „gute Biegung“ – das heißt, dass es die Nase mindestens 10 cm zur Seite nimmt, wobei das Genick auf gleicher Höhe mit dem Widerrist oder etwas höher liegt. Dazu muss das Pferd auch mit anderen Körperpartien (Hals und Genick) dem Druck nachgeben, was Ihre Kontrolle über seinen Körper erhöht.

Für eine „gute Biegung“ nach rechts stellen Sie sich wieder auf die rechte Seite. Machen Sie es wie in Schritt 1, steigern Sie aber den Zügeldruck, bis das junge Pferd eine „gute Biegung“ anbietet.

Wiederholen Sie die Übung einige Male, bis es die „gute Biegung“ länger und auf leichteren Kontakt hin durchhält. Belohnen Sie es damit, dass Sie den Druck sofort einstellen, sobald es die von Ihnen gewünschte Reaktion zeigt.

Wenn das Pferd zuverlässig eine „gute Biegung" zeigt, sobald Sie den rechten Zügel anheben – und sie ca. 30 Sekunden unverändert beibehält –, fordern Sie eine „richtige Biegung", den höchsten Grad von Biegung in dieser Übung im Stand.

Bei einer „richtigen Biegung" biegt das Pferd den Hals so weit herum (ca. 25 cm), dass es Sie mit beiden Augen anschauen kann. Noch mehr Biegung könnte dem jungen Pferd unbequem werden, es aufregen und dazu führen, dass es sich gegen den Druck wehrt.

Folgen Sie auch hier dem in Schritt 1 erläuterten Prozess von Annehmen und Nachgeben, nur dass Sie den inneren Zügel stärker annehmen, damit es den ganzen Hals biegt.

In der Abbildung auf Seite 119 zeigt Alex auf den Zügeldruck hin eine „richtige Biegung". Achten Sie auf seine Haltung: Unterkiefer, Genick und Hals sind ganz entspannt, und er dreht den Kopf, um mich anzusehen.

Wenn sich Ihr junges Pferd bereitwillig in diesem Maße nach rechts biegt, kehren Sie die Anweisungen um und arbeiten auf der linken Seite.

3b

3 Nun verlangen Sie die Biegung, während das Pferd auf dem Zirkel geht.

(Anmerkung: In dieser Bildfolge arbeite ich Alex linksherum. Drehen Sie die Anweisungen um, wenn Sie rechter Hand auf dem Zirkel arbeiten wollen.)

Stellen Sie sich mit dem Gesicht zur linken Schulter des Pferdes auf, damit Sie nicht geschlagen werden. Den linken Zügel halten Sie in der linken Hand, in der rechten die Gerte, mit der Sie das Pferd auf einen kleinen Zirkel (ca. 7 m) nach links schicken (kleines Bild).

Gehen Sie seitlich mit und nehmen Sie wie bei der Übung im Stand den Zügel immer mehr an, damit es den Hals biegt. Diesmal halten Sie allerdings nicht die Mitte der Zügel, sondern die Gerte in der anderen Hand.

Im selben Augenblick, in dem das Pferd auch nur andeutungsweise die Nase nach innen nimmt, geben Sie sofort nach.

Möglicherweise verspannt sich das Pferd anfangs im Hals und dreht die Nase von Ihnen weg. Halten Sie in diesem Fall

3

den Druck aufrecht, bis es nachgibt. Wird es langsamer, halten Sie weiterhin Kontakt zum Pferdemaul und treiben es von der Hüfte aus vorwärts.

Obwohl Alex sich gerade verhält, können Sie auf dem Foto sehen, dass Unterkiefer und Hals locker sind, wie die Halsbiegung beweist. Dies ist der Grad von Biegung, den Sie erreichen wollen.

Wiederholen Sie dieses Biegen auf dem Zirkel einige Male und erhöhen Sie jedes Mal den Druck, damit der Youngster sich noch mehr im Hals biegt und seine Nase noch weiter nach innen nimmt (aber nicht so weit, dass die Vorwärtsbewegung darunter leidet).

Lassen Sie ihn immer länger mit dieser Halsbiegung gehen, bis er willig auf dem Zirkel geht und jedes Mal, wenn Sie leichten Kontakt zum Maul aufnehmen, eine beständige Halsbiegung beibehält.

Damit sich Ihr Pferd auf beiden Seiten biegen lässt, kehren Sie die Anweisungen um und arbeiten Sie das Pferd nach demselben Prinzip rechter Hand auf dem Zirkel.

4

4 Als Nächstes soll der Jährling die Halsbiegung auch beibehalten, wenn er anhält. Dies erhöht gleichermaßen seine Sensibilität und Ihre Kontrolle. Schicken Sie ihn wieder im Schritt auf den Zirkel (zur Erinnerung: ich arbeite Alex auf einem Zirkel linker Hand) und geben Sie ihm das Signal, auf Druck nachzugeben.

Wenn das junge Pferd einen ganzen Zirkel lang seine Halsbiegung beibehalten hat, geben Sie das Zeichen zum Anhalten. Halten Sie den beständigen Druck aufrecht, damit die Halsbiegung nicht verloren geht, üben Sie jedoch noch vermehrt Druck auf den inneren Zügel aus, damit es zweimal die Hinterbeine überkreuzt, wie es Alex im Bild gerade vormacht. Mit diesem Seitwärtstreten schwingt seine Hüfte nach rechts und seine Vorderbeine bleiben auf der Stelle. Gleichzeitig dreht es sich um das innere Vorderbein, bis es allmählich zum Stehen kommt.

Hat es angehalten, schicken Sie es wieder auf den Zirkel und wiederholen das Manöver. Mit der nötigen Übung lernt der Youngster, unverzüglich anzuhalten, sobald er den vermehrten Druck fühlt, und dabei die Halsbiegung beizubehalten.

Beherrscht er die Übung in diese Richtung, kehren Sie die Anweisungen um und arbeiten ihn auf einem Zirkel rechter Hand.

5 Steigern Sie den Schwierigkeitsgrad und lassen Sie das Pferd nicht nur mit Halsbiegung auf einem kleinen Zirkel gehen, wie in Schritt 3 beschrieben, sondern lassen Sie es mit Halsbiegung linksherum um sich herumgehen. (Stellen Sie sich vor, Sie würden das Pferd longieren, Sie bleiben aber auf der Stelle stehen und gehen nicht

mit.) Schicken Sie es wie bei den anderen Zirkelübungen nach links und nehmen Sie den inneren Zügel an, damit es mit Kopf und Hals nachgibt.

Vielleicht verkrampft das junge Pferd anfangs seinen Unterkiefer und die Halsmuskeln. Halten Sie in diesem Fall so lange einen beständigen Kontakt zum Maul aufrecht, bis es dem Druck nachgibt. Wird die Biegung übertrieben (mehr als 25 cm, siehe kleines Bild), geht die Vorwärtsbewegung verloren. Zur Korrektur schieben Sie die Zügel auf dem Hals nach vorn, mindestens 30 cm vor den Widerrist. Lassen Sie die Zügel am Hals anstehen wie beim Neck Reining. Mit diesem Hals-Zügel-Signal machen Sie so lange weiter, bis Kopf und Hals wieder gerade sind. Dann geben Sie das Signal zum Biegen und fangen wieder von vorn an.

Sobald der Youngster korrekt reagiert, hören Sie mit dem Zügeldruck auf. Wiederholen Sie diesen Schritt und verlangen Sie jedes Mal eine etwas ausgeprägtere Biegung (aber nicht über 25 cm hinaus), die länger durchgehalten werden soll. Gelingt das Manöver auf der linken Hand, kehren Sie die Anweisungen um und wiederholen das Ganze nach rechts.

6 Nun kommen die Seitwärtsbewegungen dazu, die sowohl der Schulterfreiheit des Pferdes als auch der Schulterkontrolle dienen. Sie lassen das Pferd linksherum auf dem Zirkel gehen und verlangen, dass es den Hals nach innen biegt. Allerdings erhöhen Sie diesmal den Schwierigkeitsgrad und verlangen, dass es mit dem linken Vorderfuß nach rechts übertritt, vom Zirkel weg. Die Biegung darf dabei nicht aufgegeben werden.

Und so wird's gemacht: Schicken Sie das Pferd linker Hand auf den Zirkel und gehen Sie seitlich mit.

Mit der angehobenen linken Hand verlangen Sie die Halsbiegung. Biegt es den Hals nach innen, verstärken Sie den Druck auf dem linken Zügel nach oben und zur Seite, bis das Pferd sein Gewicht auf die rechte (äußere) Schulter verlagert und nach rechts übertritt, um wieder ins Gleichgewicht zu kommen.

Tipp: Stellen Sie sich das Zifferblatt einer Uhr vor. 12 Uhr liegt genau vor Ihnen, und Ihr Jungpferd soll seinen linken Fuß auf 1 Uhr setzen.

Sobald es einen Schritt zur Seite macht – selbst wenn dabei die Biegung verloren geht –, belohnen Sie Ihr Pferd mit Nachgeben.

Macht sich das junge Pferd steif und/oder tritt nicht nach rechts, versuchen Sie es noch einmal und üben so viel Druck aus, bis das Pferd reagiert. Dann arbeiten Sie mittels Wiederholung an der Verfeinerung der Reaktion.

Wenn es ohne Zögern korrekt reagiert, verlangen Sie erst zwei Schritte zur Seite, dann drei und so weiter. Sehr bald schon wird es sich bei federleichtem Kontakt diagonal seitwärts bewegen.

Nun kehren Sie die Anweisungen um und erarbeiten die gewünschte Reaktion auf der anderen Hand.

7 Um Ihre Kontrolle weiter auszubauen, verlangen Sie größere Schritte zur Seite. Wiederholen Sie die Abfolge in Schritt 6 und verstärken Sie den Druck am inneren (linken) Zügel, um dem Pferd zu signalisieren, dass es auf die 2-Uhr-Marke, dann auf die 3-Uhr-Marke treten soll.

Am Ende dieser „Uhrenübung" hat das Pferd einen Sidepass nach rechts vollführt. Im Sidepass, der in manchen Trail-Prüfungen verlangt wird, bewegt sich das Pferd horizontal seitwärts.

Üben Sie weiter, bis das Pferd willig im Sidepass den gesamten Trainingsbereich durchquert.

Wiederholen Sie das Ganze auch auf einem Zirkel nach rechts. Üben Sie auf beiden Seiten, damit Ihr Pferd rundum geschmeidig wird. Wenn Sie auf diese Weise die Flexibilität der Vorhand verbessert und vermehrt Kontrolle über Nase, Genick, Hals und Schultern gewonnen haben, sind Sie bereit für die nächste Lektion: die Kontrolle der Hinterhand.

7

Lektion 19: Kontrolle der Hinterhand

Das junge Pferd lernt, auf Zügeldruck die Hüften zu bewegen, was Ihnen die Kontrolle über die Hinterhand verschafft

In dieser Lektion werden die Kontrolle der Vorhand, die Seitwärtsbewegungen und die Sensibilität auf Zügeldruck, die Sie in der vorigen Lektion erarbeitet haben, weiter verfeinert.

Außerdem lernt das junge Pferd, auf ein Zügelsignal hin die Hinterhand von Ihnen weg zu bewegen. Mit dieser Übung zur Kontrolle der Hinterhand können Sie nicht nur vermeiden, geschlagen zu werden, sondern können das Pferd auch beim Einreiten vom Buckeln abhalten.

Sie lassen Ihren Jährling auf einem kleinen Kreis um sich herumgehen und verlangen per Zügeldruck, dass er gleichzeitig den Hals biegt. Dann halten Sie ihn an und lassen ihn zweimal mit dem inneren Hinterbein übertreten, sodass die Hinterhand von Ihnen wegschwingt.

Führt Ihr Jungpferd dieses Manöver zu Ihrer Befriedigung aus, verlangen Sie, dass es schneller und mit größeren Schritten übertritt.

Sie brauchen:

* eine korrekt verschnallte Trense
* ein weiches Trensengebiss
* 3–4 m lange weiche Strickzügel aus Baumwolle
* eine Dressurgerte

1 Trensen Sie den Jährling auf, führen Sie ihn in die Trainingsarena und schließen Sie das Tor. Stellen Sie sich neben seine linke Schulter, damit Sie nicht geschlagen werden können, und schicken Sie ihn auf einen Zirkel nach links. Den linken Zügel ergreifen Sie etwa 15 cm unterhalb vom Gebiss mit der linken Hand und geben das Zeichen zum Vorwärtsgehen, indem Sie in Richtung seiner inneren (linken) Hüfte gehen oder diese leicht mit der Gerte antippen. Für einen Zirkel nach rechts kehren Sie die Anweisungen einfach um.

Ist das junge Pferd einige Male ohne anzuhalten im Kreis gegangen, fordern Sie es auf, den Hals zu biegen und die Nase nach innen zu nehmen. Gehen Sie vor, wie Sie es in der vorigen Lektion gelernt haben: Heben Sie langsam und vorsichtig den linken Zügel nach hinten-oben an, bis Sie leichten Kontakt zum Maulwinkel haben. Bis hierhin ist es eine Wiederholung, der Youngster müsste also bereitwillig den Hals biegen und Ihnen den Kopf zuwenden, wie es Alex hier im Bild vormacht.

Wie Sie sehen, habe ich gerade so viel Druck ausgeübt, dass Alex seinen Hals ca. 20–25 cm nach innen biegt. Mehr Biegung dürfen Sie nicht verlangen, weil es dem jungen Pferd sonst unangenehm wird und es sich aufregt. Außerdem würde es dadurch lernen, sich gegen Druck zu wehren.

1

2 Wenn das junge Pferd bereitwillig mit Halsbiegung auf dem Zirkel geht, bereiten Sie es darauf vor, mit der Hinterhand überzutreten – sich also um die Vorhand zu drehen. Erhöhen Sie langsam, aber sicher den Druck auf den Zügel, sodass eine Barriere entsteht, die die Vorderbeine am Vortreten hindert. Gehen Sie in Richtung Hüfte, damit es die Hinterhand in Bewegung setzt, und verstärken Sie das Signal zum Übertreten mit Küsschen oder Zungenschnalzen. Halten Sie den Druck so lange aufrecht, bis das Pferd nicht nur den Hals biegt, sondern auch – wie Alex hier – mit den Vorderbeinen nicht weiter vortritt. Wie Sie sehen, sind seine Hinterbeine noch in Bewegung – er beginnt, sich um die Vorhand zu drehen. Das ist die Reaktion, die Sie haben wollen.

Bewegt der Jährling die Hinterhand nicht oder versucht, vorwärts zu gehen, erhöhen Sie allmählich den Zügeldruck, um ihn zu stoppen. In beiden Fällen verstärken Sie das Signal zum Übertreten mit einem Küsschen oder Zungenschnalzen, heben notfalls die Hand in Richtung linke Hüfte oder gehen sogar auf die Hüfte zu. Im letzteren Fall dürfen Sie den Zügeldruck nicht aufgeben, damit das Pferd nicht mit den Vorderbeinen vortritt.

3 Auch wenn das Pferd seine Vorwärtsbewegung abgebremst hat, dürfen Sie den Zügeldruck nicht aufgeben. Halten Sie stattdessen weiter Kontakt, bis es sein Gewicht auf das äußere (rechte) Hinterbein verlagert (siehe Bild). Damit wird das linke Hinterbein frei und kann geschmeidig übertreten. Halten Sie den Zügeldruck auch während der Gewichtsverlagerung aufrecht, bis …

4 … es mit dem linken Hinterbein einen Schritt nach rechts macht. Korrekt ausgeführt, sollte der Jährling mit dem linken Hinterbein vor dem rechten vorbeitreten, sich um das innere Vorderbein drehen und die Hüften von Ihnen wegschwingen.

Anfangs setzt das Pferd vielleicht das rechte Vorderbein ein wenig nach vorn, um das Gleichgewicht zu halten, wie es bei Alex im Bild zu sehen ist. Das macht nichts, mit der nötigen Übung lernt es, das Vorderbein stehen zu lassen. Gelingt es schon beim ersten Mal – umso besser. Belohnen Sie Ihren Youngster auf jeden Fall für seine Bemühungen.

Schwingt das Pferd die Hüften nicht von Ihnen weg, wiederholen Sie das Ganze so lange, bis es klappt. Belohnen Sie es im selben Augenblick, in dem es mit dem linken Hinterbein seitwärts tritt, durch ein Nachgeben am Zügel. Verankern Sie sein gutes Verhalten weiter, indem Sie ihm anerkennend den Hals reiben und es mit Lob überhäufen.

Wiederholen Sie die Sequenz und verlangen Sie allmählich zwei Schritte zur Seite in Folge. Führt Ihr Pferd dieses Manöver auf ein leichtes Zügelsignal hin aus, verfeinern Sie seine Fähigkeiten dadurch, dass Sie schnellere und größere Schritte verlangen. Sind Sie mit den Ergebnissen nach rechts zufrieden, arbeiten Sie am Seitwärtstreten nach links.

Lektion 20: Erstes Aufsatteln

So akzeptiert Ihr Jungpferd seinen ersten Sattel ohne jeden Kampf

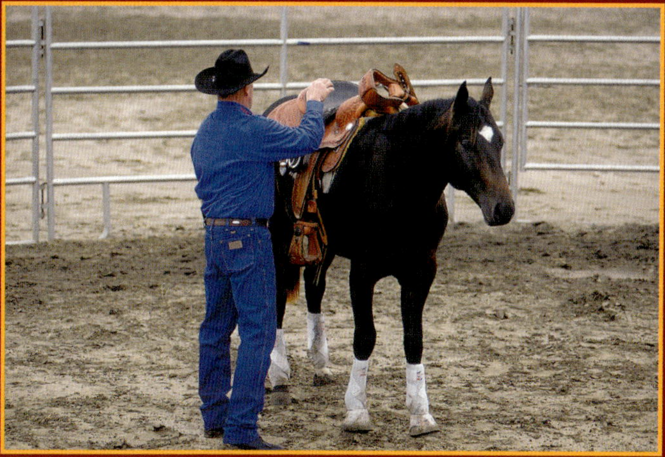

Inzwischen sollte Ihr Jährling volles Vertrauen zu Ihnen haben und leicht zu lenken sein. Er wird außerdem demnächst zwei Jahre alt und beginnt die geistige und körperliche Reife zu zeigen, die er als Reitpferd braucht. In dieser Lektion bereiten Sie ihn weiter auf das erste Gerittenwerden vor, indem Sie ihn mit dem Sattel bekannt machen.

Als Erstes sacken Sie den Jährling mit einem Lasso und einer Decke aus, damit er sich entspannt. Dann legen Sie ihm die Decke auf den Rücken und machen ihn mit dem Druck durch den Gurt bekannt, indem Sie ihm die Arme um den Leib legen. Lässt er sich widerstandslos drücken, lassen Sie ihn den Sattel ansehen und beschnuppern. Wenn er sich an den Anblick des Sattels gewöhnt hat, legen Sie ihn auf seinen Rücken, ziehen die Gurte an und fordern ihn auf vorwärts zu gehen.

* Überprüfen Sie die Gurte. Vergewissern Sie sich, dass vorderer und hinterer Gurt sowie das Vorderzeug so verschnallt sind, dass sie dem Pferd passen.
* Arbeiten Sie mit einem Helfer. Dieser Helfer sollte aus Sicherheitsgründen Ihnen gegenüber stehen. Binden Sie das junge Pferd nicht an. Es könnte in Panik geraten, sich gegen den Strick stemmen und sich verletzen.

Sie brauchen:

* ein gut sitzendes Halfter
* einen weichen Führstrick aus Baumwolle
* ein Lasso
* eine Satteldecke
* einen Sattel mit vorderem Sattelgurt (und eventuell mit Vorderzeug). Lassen Sie den hinteren Gurt einstweilen noch weg. Der Druck im Flankenbereich könnte dem Pferd unangenehm sein.

1

1 Führen Sie das junge Pferd in den Round Pen und schließen Sie das Tor.

Nehmen Sie ihm das Halfter ab und beginnen Sie die Lektion mit einem einfachen Aussacken zur Entspannung. (Genaueres über das Aussacken finden Sie in Lektion 3, Seite 21)

Stellen Sie sich auf die linke Seite und reiben Sie ihm mit dem zusammengerollten Lasso über die Stirn. Nach ein paar Sekunden drehen Sie sich um und gehen ein paar Schritte vom Pferd weg, um die Berührung zu beenden. Es ist in Ordnung, wenn es Ihnen folgt. Das ist ein Zeichen von Selbstvertrauen und Konzentration. Wiederholen Sie die Folge Stirn abreiben-Weggehen und dehnen Sie das Aussacken allmählich auf Ohren, Genick, Hals, Schulter, Vorderbein und Hinterhand aus, bis es die Berührungen willig hinnimmt. Sprechen Sie außerdem in beruhigendem Ton mit ihm. Wenn Sie die gesamte linke Seite abgerieben haben, wiederholen Sie das Ganze auf der rechten Seite.

Wird der Youngster nervös und bewegt sich von Ihnen weg, sind das Anzeichen von Furcht. Gehen Sie zurück zu einem Bereich, der ihm angenehm ist, und machen Sie erst weiter, wenn er sich wieder beruhigt hat.

2 Hat der Jährling das Lasso akzeptiert, sacken Sie ihn als Nächstes mit einer Satteldecke aus. Gehen Sie mit der gefalteten Decke langsam auf das Pferd zu und lassen Sie es schauen und schnuppern. Wenn ihm die Decke nichts mehr ausmacht (es schaut weg oder holt sich ein Maul voll Gras), sacken Sie es auf beiden Seiten erst mit der gefalteten, dann mit der auseinander gefalteten Decke aus.

Wenn Sie an den Rumpf kommen, legen Sie ihm die Decke über den Rücken und schieben sie, wie im Bild zu sehen, am Rückgrat entlang vor und zurück, damit es sich an das Gefühl gewöhnt. Duldet es die Decke auf dem Rücken, sacken Sie es noch intensiver aus, um es mit dem Gegenstand weiter vertraut zu machen.

Schwingen Sie die Decke durch die Luft und werfen Sie sie ihm auf den Rücken (natürlich ohne ihm wehzutun).

Zeigt das Pferd, dass ihm dies unangenehm ist, gehen Sie langsamer voran und arbeiten in dem Tempo, das für das Pferd akzeptabel ist.

Läuft es weg, gehen Sie ruhig zu ihm hin und fangen langsam wieder von vorn an. Achten Sie darauf, sich im Verlauf dieser Übung aus dem Schlagbereich der Hinterhufe herauszuhalten.

3 Wenn der Jährling mit der Satteldecke vertraut ist, schlingen Sie ihm die Arme im Gurtbereich um den Körper, um ihn an den Gurtdruck zu gewöhnen. Stellen Sie sich mit dem Blick zum Pferd dicht hinter die linke Schulter und legen Sie dem Pferd kurz hinter dem Widerrist den rechten Arm über den Rücken. Umfassen Sie den Pferdekörper so weit, wie Sie können. Den linken Arm legen Sie kurz hinter dem Ellbogen – wo der Gurt später anliegt – um den Bauch. Dann drücken Sie in einer einzigen schnellen, fließenden Bewegung einmal kurz zu und lassen wieder los. Es ist wichtig, dass Sie sofort wieder loslassen, bevor das Pferd Zeit hatte zu reagieren, damit es nicht auf die Idee kommt, das Loslassen mit irgendeiner Widersetzlichkeit von seiner Seite in Verbindung zu bringen. Gehen Sie dann vom Pferd weg, um die Berührung zu beenden. Dieses „Umarmen" wird einige Male wiederholt, wobei Sie jedes Mal ein wenig länger und ein wenig fester drücken, bis das Pferd ganz ruhig bleibt und keinerlei Missfallen äußert.

Reagiert das Pferd gereizt – indem es zu beißen versucht oder die Ohren anlegt –, treten Sie einen Augenblick zurück und „umarmen" es dann erneut, aber mit weniger Druck. Entfernt es sich von Ihnen, stoppen Sie es mit „Whoa!", stellen sich wieder auf der linken Seite in Positur und schlingen ihm erneut die Arme um den Leib.

4 Machen Sie den Jährling nun mit dem Sattel vertraut. Legen Sie ihm die Satteldecke auf den Rücken, nehmen Sie den Sattel auf und gehen Sie langsam auf das Pferd zu. Lassen Sie ihm Zeit, den Gegenstand zu inspizieren, und versichern Sie ihm, dass es sich nicht um ein Pferde fressendes Monster handelt. Wenn es das Interesse am Sattel verloren hat, ...

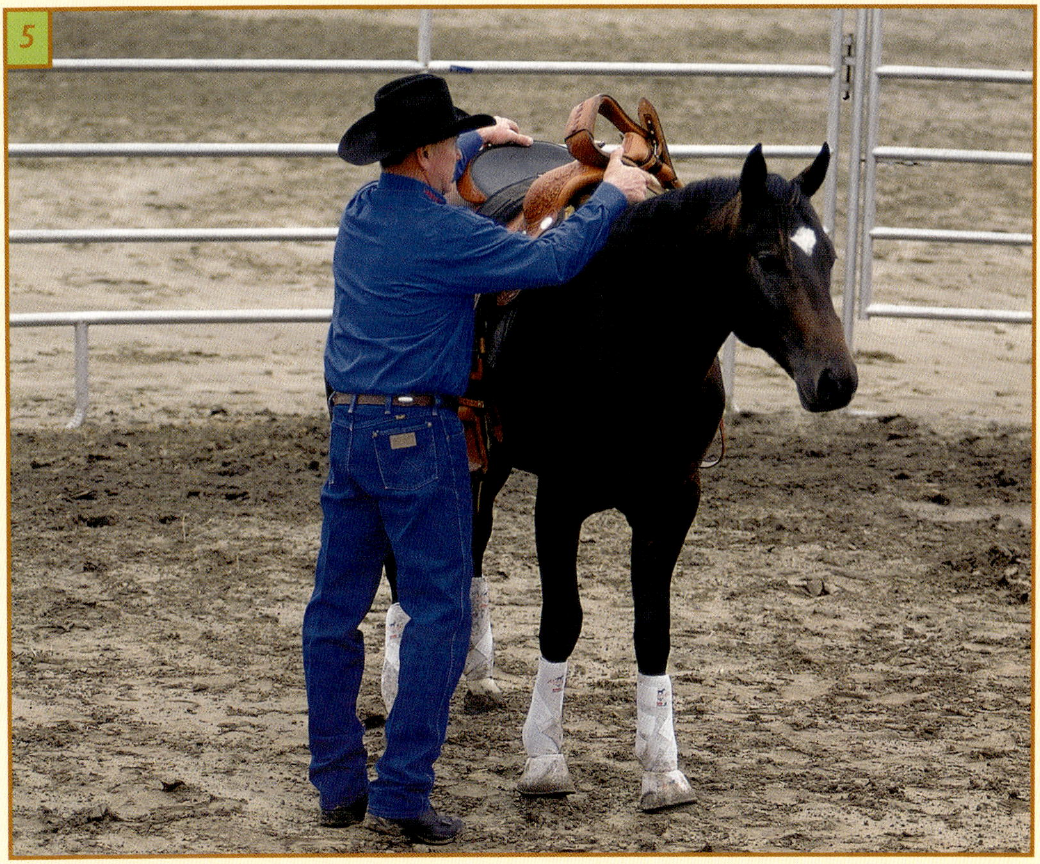

5 … gehen Sie auf die rechte Seite. Wenn ich einem jungen Pferd erstmals den Sattel auflege, tue ich dies lieber von rechts, weil es dann weniger Probleme mit dem Herunterlassen des Gurts gibt und ich weniger Gefahr laufe, das Pferd zu erschrecken. Den linken Steigbügel legen Sie über das Sattelhorn. Dann heben Sie den Sattel langsam hoch und platzieren ihn in einer flüssigen, entschlossenen Bewegung auf dem Pferderücken. Heben Sie ihn nicht zu hoch in die Luft und lassen Sie ihn nicht schwer herunterfallen, um das Pferd nicht zu erschrecken oder ihm gar wehzutun.

Wenn Sie die vorhergehenden Übungen mit Erfolg abgeschlossen haben, dürfte der Sattel Ihr junges Pferd nicht beunruhigen. Wie Sie sehen, bleibt Alex hier ganz ruhig und schaut in die andere Richtung – ein Zeichen von Selbstvertrauen.

Haben Sie das Gefühl, dass das Pferd nervös wird und die Gefahr besteht, dass es wegläuft (es macht einen verspannten oder ängstlichen Eindruck), nehmen Sie den Sattel wieder herunter, bevor das Pferd die Initiative ergreift. Legen Sie ihn weg und machen Sie die Übungen von Lektion 2 (Seite 15) – Zirkel, Stopp, Anschauen –, um die Aufmerksamkeit des Pferdes wieder auf sich zu konzentrieren. Hat sich das Pferd entspannt, fangen Sie wieder mit Schritt 1 an und führen die folgenden Schritte extra langsam aus.

6 Hat der Jährling den Sattel auf dem Rücken akzeptiert, gehen Sie langsam auf die linke Seite und lassen vorsichtig den Steigbügel herunter. Ziehen Sie den Sattelgurt oder auch die beiden Bauchgurte sowie das Vorderzeug an, sofen Sie eines benutzen.

Als Erstes wird der vordere Gurt angezogen. Greifen Sie unter dem Bauch durch, packen Sie den Gurt und ziehen Sie ihn zu sich herüber. Halten Sie den Kopf hoch, damit Sie nicht geschlagen werden können. Bleibt das Pferd ruhig, ziehen Sie den Gurt vorsichtig so weit an, dass der Sattel nicht verrutscht, wenn sich das Pferd bewegt, aber nicht so fest, dass das Pferd erschrickt.

Falls Sie einen hinteren Gurt verwenden, wird dieser als Nächstes angezogen, aber so lose, dass er den Bauch kaum berührt. Gegen ein zu festes Anziehen könnte sich das Pferd mit Buckeln wehren; in einem zu losen könnte es mit dem Huf hängen bleiben.

Legen Sie nun vorsichtig das Vorderzeug um die Brust und schnallen Sie es fest. Stellen Sie sich dabei seitlich auf; wenn Sie sich direkt vor das Pferd stellen, könnte es Sie umrennen, falls es plötzlich einen Satz nach vorn macht.

Wichtige Anmerkung: Wenn ich Ihnen an dieser Stelle und in dieser Ausführlichkeit beschreibe, wie Sie Ihren Jährling erstmals satteln sollen, ist das keinesfalls eine Aufforderung, ihn auch zu reiten.

Das Satteln, wie ich es hier Schritt für Schritt erkläre, ist eine wichtige vorbereitende Übung, damit das Einreiten, wenn es erst einmal so weit ist, für Pferd und Reiter so glatt wie möglich verläuft.

7 Sobald alles verschnallt ist, treten Sie zurück für den Fall, dass das Pferd explodiert. (Wenn Sie mit einem Helfer gearbeitet haben, lassen Sie ihn den Führstrick aushaken und ebenfalls zurücktreten.) Behalten Sie das Pferd dabei immer im Auge, damit Sie ihm aus dem Weg gehen können, falls es plötzlich losschießt. Lassen Sie es nun einen Augenblick ruhig stehen, damit es sich an das Gefühl gewöhnt.

Wenn das Pferd wirklich ängstlich reagiert, gehen Sie auf die Pferdenase zu (aber nicht davor, sodass Sie umgerannt werden könnten) und lassen es die Richtung wechseln; dann schicken Sie es mit dem Hüftsignal (aber Vorsicht: fern vom Schlagbereich) vorwärts. Lassen Sie das Pferd so lange immer wieder die Richtung wechseln und dabei vorwärts gehen, bis es sich entspannt. Dann halten Sie es an und fordern es auf, Sie anzuschauen. Mit diesen Übungen lenken Sie das Pferd vom Sattel ab, und es wird bald merken, dass es nichts zu befürchten hat.

Bleibt das Pferd ruhig stehen, schicken Sie es im Schritt oder Jog mit dem Vorwärts-Hüftsignal auf einen Zirkel nach links, achten aber darauf, nicht in den Schlagbereich zu geraten. Der erste Schritt fällt vielleicht etwas stürmisch aus und wird gefolgt von einem Buckler, wie es Alex hier gerade vorexerziert. Machen Sie keine große Sache daraus. Schicken Sie das Pferd weiter vorwärts, bis es etwaige noch fällige Bocksprünge losgeworden ist. Sprechen Sie ihm beruhigend zu, um sein Selbstvertrauen zu stärken und es zur Ruhe zu bringen.

7

8 Wenn sich das Pferd nicht mehr verspannt und willig vorwärts geht, lassen Sie es die Richtung wechseln und rechter Hand auf den Zirkel gehen. Bewegt es sich auch auf dieser Hand willig vorwärts, bauen Sie sein Selbstvertrauen weiter auf, indem Sie es immer häufiger die Richtung wechseln lassen und Tempounterschiede verlangen (siehe Lektion 9, Seite 52).

Bewegt sich das Pferd, ohne weiter Notiz vom Sattel zu nehmen, wie Alex hier im Bild, lassen Sie es ein paar Minuten Schritt gehen, damit es sich abkühlt.

Dann drehen Sie Schritt 5 und 6 um und satteln das Pferd ab. Stellen Sie sich wieder auf die linke Seite, dicht bei der Schulter, damit Sie nicht geschlagen werden können. Gehen Sie langsam vor, mit ruhigen, flüssigen Bewegungen, um das Pferd nicht zu erschrecken. Öffnen Sie alle Schnallen und lassen Sie die Gurte langsam herunter, damit sie nicht durch Hin- und Herschwingen das Pferd erschrecken.

Sobald Sie den Sattel heruntergenommen haben, gehen Sie sofort aus dem Weg für den Fall, dass das Pferd losschießt. Tut es dies, sorgen Sie dafür, dass es sich beruhigt, fangen Sie es ein und wiederholen das Aufsatteln – aber noch etwas langsamer als zuvor.

Herzlichen Glückwunsch – Sie haben diese Phase in der Ausbildung Ihres jungen Pferdes mit Erfolg beendet.

8

Service

Zum Weiterlesen

Bartz, Jürgen:
Bis der Tierarzt kommt, *Kosmos 2001*
Der wichtige Ratgeber, wenn es im Notfall um Minuten geht. Warten Sie nicht hilflos ab: Tun Sie das Richtige, bis der Tierarzt kommt. Außerdem erhalten Sie Tipps für eine Stall- und Wanderritt-Apotheke, sowie Schritt für Schritt erklärte Erste-Hilfe-Maßnahmen.

Braun Gudrun /Borelle, Bea: ***Bea Borelles Pferdetraining, bewusst, befähigt, begeistert,*** *Kosmos 2002*
Das Motivationspaket für jeden Reiter und Pferdebesitzer: Ob beim Führen, Longieren, Reiten oder Spielen – Bea Borelle zeigt Wege auf, wie Pferd und Mensch ganz selbstverständlich Spaß beim Training haben und dadurch zu Höchstleistungen beflügelt werden – mit Kompetenz, aber ohne Stress oder erzwungener Dominanz.

GaWani Pony Boy: ***Indianisches Pferdetraining step by step,*** *Kosmos 2002*
Ein Pferd ist ein Pferd – und so sollten wir es auch behandeln. Das ist eine der Hauptaussagen des indianischen Pferdetrainers GaWaNi Pony Boy. Seine Trainingsmethoden stehen in der Tradition indianischer Reitervölker, seine Seminare sind weltweit ausgebucht. Zahlreiche Übungen zum Umgang, zur Bodenarbeit und zum Reiten zeigen dem Menschen, wie er Respekt und Vertrauen seines Pferdes gewinnt.

Hempfling, Klaus Ferdinand: ***Wenn sich Pferde offenbaren, Von der ersten Begegnung bis zum Freund fürs Leben,*** *Kosmos 2003*
Nicht die Rasse ist entscheidend für das Wesen eines Pferdes, sondern sein ureigenster Charakter. In diesem Buch stellt der Autor 26 Charaktergruppen ausführlich vor und beschreibt die Besonderheiten dieser Pferde, wie man mit ihnen am besten arbeitet und welcher Mensch zu ihnen passt. Nichts ist spannender als herauszufinden, ob das eigene Pferd ein „Einhorn", ein „Prinz", eine „Taube" oder ein „Zigeuner" ist.

Krämer/Schumacher:
Die Kosmos Reitlehre, *Kosmos 2002*
Dieses Standardwerk greift alle Aspekte der Reiterei auf. Wollen Sie mehr über andere Reitweisen erfahren oder auch nur über die klassische Reitausbildung, dann ist dies ein Buch, das keine Fragen offen lässt.

Kröger, Ilona / Uhl-Kutsch, Christine:
Reiten im Einklang mit mir selbst, *Kosmos 2003*
Reiten ist das schönste Hobby der Welt, der Umgang mit Pferden bereichert unser Leben. Doch wer mit Pferden Glück erleben will, muss Körper und Seele in Balance bringen, Ängste und Stress abbauen. Kinesiologische Übungen, Anleitungen zum Aufbau von positiver Energie helfen, individuelle Lösungen für Probleme mit sich und dem Pferd zu finden. Dies ist der Glücksbringer unter den Pferdebüchern!

McBane/Davis: ***Alternative Heilmethoden für Pferd & Reiter,*** *Kosmos 2002*
Dieser kompetente, reich illustrierte Führer informiert über mehr als 60 ganzheitliche Heil- und Trainingsmethoden und zeigt Ihnen, wie Sie für sich und Ihr Pferd den besten Weg finden, Krankheiten vorzubeugen und Probleme zu lösen.

Meyners, Eckart: ***Das Bewegungsgefühl des Reiters,*** *Kosmos 2003*
Mit der Meyners-Methode entwickelt der Reiter ein Gefühl für seine Bewegungsabläufe, Rhythmus und Gleichgewicht. Mit gezielten Übungen werden anhand Hunderter von Detail-Illustrationen Schritt für Schritt die häufigsten Reitprobleme und Sitzfehler korrigiert. Denn ein locker und entspannt sitzender Reiter ist die Voraussetzung für erfolgreiches Reiten.

Müller, Karin / Lind, Carola: ***Gespräche mit Pferden, Erstaunliche Erfahrungen mit dem sechsten Sinn,*** *Kosmos 2004*
Viele Menschen sprechen mit ihren Tieren, doch die wenigsten können ihnen auch zuhören. In diesem Buch lesen Sie Tierprotokolle, die unter die Haut gehen und ergreifende Erfahrungsberichte von Pferdebesitzern, die endlich ein tiefes Verständnis ihres Tieres erlangen. Der sechste Sinn kann erlernt werden, und er begegnet uns im Alltag öfter als wir annehmen. Hören Sie zu, wenn die Pferde zu uns sprechen – es wird Sie berühren!

Nissen, Jasper:
Enzyklopädie der Pferderassen, *Kosmos 2003*
Die Enzyklopädie der Pferderassen ist eine der faszinierendsten Werke, die je über Pferde geschrieben wurden. Und das einzige Werk, in dem das gesamte Spektrum europäischer Pferderassen in einer großartigen Gesamtschau zu finden ist. In über 250 Portraits stellt es alle Rassen vor und informiert ausführlich über deren Entstehung, Zucht und Verwendung.

Rakow, Dr. Michael: ***Die homöopathische Stallapotheke,*** *Kosmos 2002*
Dieses Buch bietet in kompakter Weise eine Einführung in die Homöopathie für Pferde. Es werden unterschiedliche Krankheitsbilder mit ihrer Behandlung vorgestellt. Außerdem beinhaltet es noch eine Übersicht über die verschiedenen homöopathischen Mittel und ihre Verwendung.

Rashid, Mark: ***Denn Pferde lügen nicht, Neue Wege zu einer vertrauten Mensch-Pferd-Beziehung,*** *Kosmos 2002*

Der überall propagierten „Dominanz" gegenüber dem Pferd setzt Marc Rashid das Prinzip der „passive leadership" entgegen. Diesem sanften Führer schließen sich die Pferde freiwillig an, weil sie ihm vertrauen und sich in seiner Gegenwart wohl fühlen. Lehrreich und spannend zugleich.

Schmid-Neuhaus, Angelika: ***Das große Fitnessprogramm für Pferde,*** *Kosmos 2000*

Um überhaupt an Losgelassenheit beim Reiten denken zu können, sollten drei wesentliche Elemente und ihre Wechselwirkungen unbedingt beachtet werden: Massage, Sattel-Check und natürlich gelöstes Reiten. Wie man seinem Pferd Muskelverspannungen und Rückenschmerzen lindert oder erspart, vermittelt dieses Buch in anschaulicher und praktischer Weise.

Schöffmann, Britta:
Die Skala der Ausbildung, *Kosmos 2003*

Vom Anreiten des jungen Pferdes bis zur Turnierprüfung höchster Klasse – die sechs Stufen der Ausbildungsskala sind die Grundlage jede Reitweise und ein weltweit anerkanntes System. Mit praxisnahen Schritt-für-Schritt-Anleitungen wird das Erfolgsrezept der deutschen Reiterei in Wort und Bild so grundlegend erklärt, dass dieses Buch die ideale Trainingsgrundlage für jeden fortgeschrittenen Reiter ist.

Tellington-Jones, Linda: ***Die Persönlichkeit Ihres Pferdes – Die Kunst, Charakter und Temperament Ihres Pferdes zu bestimmen und positiv zu beeinflussen,*** *Kosmos 2003*

Dieses einzigartige und seit Jahren erfolgreiche Buch hat weltweit viele Pferdefreunde dazu inspiriert, ihre Pferde mit ganz anderen Augen und neuem Interesse zu betrachten. Dabei geht es vor allem darum, die vielleicht noch unentdeckten Möglichkeiten und positiven Veranlagungen des Tieres zu erkennen und zu fördern.

Tellington-Jones, Linda: ***TTEAM und TTouch für Pferde, Der sanfte Weg zu Gesundheit, Leistung und Wohlbefinden,*** *Kosmos 2002*

Das Praxisbuch beschreibt in übersichtlicher Form alle Tellington-Touches und alle Übungen aus der TTEAM-Bodenarbeit. Da möchte man noch während des Lesens gleich in den Stall und seinem Pferd Gutes tun.

Tellington-Jones, Linda: ***TTOUCH for you, Gesundheit und Wohlgefühl mit dem Tellington-Touch,*** *Kosmos 2003*

Was Pferden gut tut, hilft auch Ihnen! TTouches beruhigen und entspannen, lindern Ängste, Beschwerden und Schmerzen, erzeugen Wohlgefühl und Sicherheit. Ein neuer Weg für sanfte, hautnahe Kommunikation, intensiven und angenehmen Kontakt und liebevolle Zuwendung.

Welz, Heinz: ***Pferdeflüstern kann jeder lernen, Die erfolgreichsten Joining-Techniken Schritt für Schritt,*** *Kosmos 2002*

Das Geheimnis ist gelüftet: Pferdeflüsterer nennt man Menschen, die mit Pferden in einer Sprache „reden" können, welche die Pferde verstehen – der Körpersprache. Mit Hilfe dieses Praxisratgebers kann dies jeder lernen. In vielen Seminaren erprobt, hier erstmals in Buchform: Wissen sammeln, Techniken und Methoden erlernen und das richtige Gefühl entwickeln. Dann klappt's auch mit dem Pferd!

Welz, Heinz: ***Entdecke den Horseman in dir, Elf Schritte zu Gelassenheit und Sicherheit mit dem Pferd,*** *Kosmos 2003*

Ein Horseman ist ein „Pferdemensch" durch und durch – einer, der versteht, wie Pferde denken und fühlen. Horsemanship ist die Art und Weise, wie dieser Mensch mit Pferden umgeht, nämlich kompetent, fair, verantwortungsvoll und als Leittier in allen Situationen Herr der Lage. Hier lernen Sie die elf Schritte zur wahren Horsemanship und erziehen Ihr Pferd zu einem gelassenen und sicheren Partner.

Register

Umschlaggestaltung von eStudio Calamar
unter Verwendung von zwei Farbfotos von Darrell Dodds.
Mit 185 Farbfotos von Darrell Dodds.

Amerikanische Originalausgabe erschienen 2002 bei Primedia Enthusiast Group

Bibliografische Information der Deutschen Bibliothek
Die Deutsche Bibliothek verzeichnet diese Publikation
in der Deutschen Nationalbibliografie;
detaillierte bibliografische Daten sind im Internet über
http://dnb.ddb.de abrufbar.

Gedruckt auf chlorfrei gebleichtem Papier

Aus dem Amerikanischen übersetzt von Sigrid Eicher
Für die deutschsprachige Ausgabe:

ISBN 3-440-09717-x
Redaktion: Alexandra Haungs
Gestaltungskonzept: eStudio Calamar
Produktion: Kirsten Raue, Claudia Kupferer
Printed in Slovakia / Imprimé en Slovaquie

Alle Angaben und Methoden in diesem Buch sind sorgfältig erwogen und geprüft. Sorgfalt bei der Umsetzung ist indes doch geboten. Verlag und Autor übernehmen keinerlei Haftung für Personen-, Sach- oder Vermögensschäden, die im Zusammenhang mit der Anwendung und Umsetzung entstehen könnten.